大学治理探索丛书

丛书主编：李向农　张艳国

华中师范大学中央高校基本科研业务费管理类项目资助

走向法治
——大学章程读本

主　　编：余　敏　付义朝
执行主编：陶光胜
副 主 编：黎志辉　李　哲
张文舜　李红雷
孟紫依

華中師範大學出版社

新出图证(鄂)字 10 号

图书在版编目(CIP)数据

走向法治——大学章程读本/余敏,付义朝主编.
—武汉:华中师范大学出版社,2015.12
ISBN 978-7-5622-7213-7

Ⅰ.①走… Ⅱ.①余… ②付… Ⅲ.①高等学校-章程-中国-问题解答
Ⅳ.①G649.2-44

中国版本图书馆 CIP 数据核字(2015)第 318304 号

走向法治——大学章程读本

主编:余　敏　付义朝 ©

责任编辑:陈大亮　彭　慧　　**封面设计**:张　蕾
责任校对:袁晓秋　　**封面制作**:张　蕾
编辑室:教师教育编辑室(027-67863517)
出版:华中师范大学出版社有限责任公司
社址:湖北省武汉市洪山区珞喻路 152 号　　**邮编**:430079
销售电话:027-67867371　027-67867076
传真:027-67865347　　**邮购电话**:027-67861321
网址:http://press.ccnu.edu.cn　　**电子信箱**:huadajiaoyu@163.com
印刷:湖北恒泰印务有限公司　　**督印**:王兴平
字数:168 千字
开本:710mm×1000mm　1/16　　**印张**:10
版次:2016 年 1 月第 1 版　　**印次**:2016 年 1 月第 1 次印刷
定价:25.00 元

欢迎上网查询、购书

序

党的十八届四中全会提出要全面推进依法治国，建设中国特色社会主义法治体系，建设社会主义法治国家，这标志着我国进入全面依法治国的新阶段。依法制定大学章程、落实高校依章程自主管理的法定权利，既是依法治国在高等教育领域的基本体现和要求，也是高校落实法人主体地位，健康运行、可持续发展的重要保障。可以预见，随着大学治理法治化进程的不断深入，章程将在高校办学中扮演越来越重要的角色。

实践中，对大学章程地位、作用的认识有一个不断深化的过程。其实，1995年颁行的《中华人民共和国教育法》就已经明确学校及其他教育机构有“按照章程自主管理”的权利；1998 年颁行的《中华人民共和国高等教育法》则对大学章程应包括的内容做了详细规定。但是，在法律颁布后的很长时间内，绝大多数的公办高校并没有制定章程。直到《国家中长期教育改革和发展规划纲要(2010—2020 年)》提出“各类高校应依法制定章程，依照章程规定管理学校”，大学章程建设才作为改革的重要任务，受到重视。

2011 年 7 月，教育部制定发布的《高等学校章程制定暂行办法》对大学章程制定的原则、内容、程序和要求等做出了系统规定，为大学章程建设提供了统一的指导规范。2013 年 11 月，中国人民大学、东南大学、东华大学、上海外国语大学、武汉理工大学、华中师范大学等六所首批高校的章程获教育部核准，标志着高校正式进入“章程时代”。截至 2015 年 6 月 30 日，全国 112 所“211 工程”高校(含 38 所“985 工程”高校，军事院校除外)率先全部完成章程核准发布工作，大学章程建设取得标志性成果。依法办学、依章程管理已经逐渐成为高校管理中的新话语，发展中的新常态。当前，高等教育进入了全面提高质量、推进内涵式发展的新时期，制定一部好的章程，然后切实按照章程办学，将章程贯彻好、实施好，应当成为高等学校全面推进依法治校、全面深化改革的一项核心任务。

《走向法治——大学章程读本》在高校“依章治校”的新常态背景下应运而

生。这部由华中师范大学政策法规研究室和江西师范大学发展规划办公室的同仁们合作出版的《走向法治——大学章程读本》，不是长篇大论，但是内容却很丰富，凝聚了作者在章程建设理论与实践中积累的成果、形成的经验、思考的收获。作者请我作序，我再三推辞未果，只能勉力为之。

我读之再三，认为本书在以下方面特色鲜明：一是，理论与实践相结合。作者显然都是本校章程的执笔者，他们不仅有起草章程的亲身经历，而且有高教研究的深厚学养，因此，把工作视为研究。本书从理论与实践、历史与现实、宏观与微观、国内与国外的角度，对章程的渊源、颁布、实施、意义以及章程与大学治理的关系、章程与师生的关系等进行了全面系统的阐述与分析，显然不仅仅是研究，也在为起草自己学校的章程准备材料和依据。二是，内容丰富、表述生动。书中包含了很多生动鲜活的案例，既有历史的回顾、理论的总结，又有案例的凝聚、实践的升华，使大学章程这个看来枯燥的问题，变得生动耐读。三是，实用性、针对性强。这本书的一个目的是便于人们了解和学习大学章程，因此，围绕如何学习大学章程的内容和制度架构，如何了解大学章程与学校治理的关系，如何学会用章程思考和解决大学治理与发展中的问题，提出了很多有针对性的意见。无论是对于学习和实施章程，还是对于高校深化综合改革，都有很好的指导和启发作用。因此，我觉得这本书，可以很好落实读章程、学章程、用章程的精神，本书的出版无疑为中国大学章程建设注入了新鲜活力。我要对两校的领导和老师为推动中国高校章程建设付出的心血和汗水表示由衷的敬意。

发展永无止境，创新也永无止境。我得知，《走向法治——大学章程读本》是华中师范大学与江西师范大学合作的“大学治理探索”系列丛书之一。本书的特色与质量，使我期待看到两校更多更精彩的研究成果，也衷心祝愿两校在推动中国特色现代大学制度建设、努力建设有特色高水平大学的道路上不断开拓创新、不断谱写新的辉煌篇章！

王大泉

2015 年 11 月

目　录

第一章

依法治校的康庄大道

——怎样看待大学章程

一、什么是大学章程

章程是组织、社团经特定的程序制定的关于组织规程和办事规则的法规文书，是一种根本性的规章制度。作为组织行为的基本准则，章程对组织的成立及运行具有十分重要的意义，它既是组织成立的基础，也是组织赖以生存的灵魂。

图说

“章程”大观

章程作为组织的基本纲领和行动准则，在生活中随处可见。无论是政党，还是公司、学校、社团，都有自己的章程，它是开展组织活动的必备要素。（图为《中国共产党章程》、《中华全国妇女联合会章程》、1905 年的《复旦公学章程》和 1903 年的《奏办江西瓷器公司章程清折》。）

大学章程是高等学校的“根本大法”，是学校依法自主办学、实施管理和履行公共职能的基本准则。章程之于大学，如同宪法之于国家。章程作为学校的总宪章，是大学治理理念、治理结构的集中体现，大学治理的一般规律需要经过各利益相关方广泛参与、充分讨论达成共识，并通过章程使其稳定和规范下来。《中华人民共和国教育法》规定，制定章程并依据章程自主管理是高等学校的法定权利。《中华人民共和国高等教育法》明文规定，提交章程是申请设立高等学校的必要条件。

链接

特许状与大学章程

大学起源于欧洲中世纪的学生社团和教师社团，兴办大学一般要取得最高宗教机构、世俗王权或代议机构颁发的特许状（charter）。通过特许状对权力的赋予制定相关章程，并以此为据开启了大学自治的历程。可以说，大学治理从源头上即是依据章程进行的治理。特许状其实就像今天的执照或政府批文，是界定大学与政府之间权利义务关系框架的法律性文件，主要内容是确认大学享有的各种政治经济权利与自由，它赋予大学开设课程、招收学生、聘请教师、制定学术标准等权利。大学特许状特别是教皇颁布的特许状赋予大学的权利甚至是超世俗的，大学享有独立的特别司法权、自我管理权、豁免权，以及一些特别的保护措施。

欧洲中世纪后期大学得到教皇（或王室）特许建立大学章程的年份

大学名称	获特许年份	大学名称	获特许年份
巴黎大学	1208 年	萨拉曼卡大学	1254 年
博洛尼亚大学	1158 年	里斯本大学	1290 年
蒙彼利埃大学	1220 年	帕多瓦大学	1222 年
萨拉尔诺大学	1231 年	格拉斯哥大学	1451 年
奥尔良大学	1306 年	那不勒斯大学	1224 年
安格斯大学	1364 年	海德堡大学	1386 年
牛津大学	1214 年	图卢兹大学	1229 年
剑桥大学	1318 年	维也纳大学	1365 年

（参见柯文进，刘业进：《大学章程起源与演进的考察》，《清华大学教育研究》，2012 年第 5 期。）

章程是调节学校外部关系和内部关系的基本准则。外部关系主要是学校与政府的关系、学校与社会的关系。内部关系主要是党委、校长、学院、教师、学生等主体之间的关系，涉及学校的政治权、行政权、学术权、民主权。只有理顺内外部关系，大学才能形成依法自主管理、自我发展、自我约束的机制，才可能在良性的轨道上可持续运行。

声音

刘晓哲（北京工业职业技术学院党委宣传部部长）：人有人格，国有国格，学校也应有“校格”。大学章程是一所学校“校格”的集中体现。高校章程是高校历史传统、精神理念和办学特色的集合。章程建设应以完善内部治理结构为出发点，秉承大学精神，守护学术尊严。要通过大学章程来规范和优化治理结构，促进内涵式发展，明晰大学与政府和社会的关系。

章程作为学校的根本性制度，在校内拥有最高“权威”，规范和统领着校内其他各项管理制度。高校校规必须以章程为依据制定，校规是章程的具体化、规范化与制度化的体现。根据章程清理、规范全校各类规章制度，建立以章程为核心的规章制度体系，是落实章程相关规定，凸显章程“宪章”地位的重要保证。

图说

华中师范大学的四级制度体系

华中师范大学制定实施《规章制度制定暂行办法》，开展校内规章制度“废”“改”“立”工作，加强制度审核和规范建设，初步建立起“章程——学校基本制度——部门规章制度——单位内部管理制度”四个层面的层次合理的制度体系，为学校有序运转和依法治校提供了坚实基础。

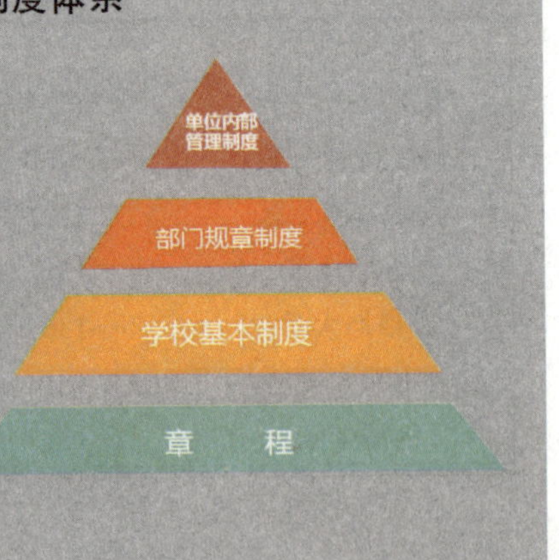

链接

章程的多种“脸谱”

章程在体例上可以分为单一型与复合型两类。一般而言，大陆法系国家的大学章程多为单一型，更具有纲领性、概括性，类似于成文法，如法国、德国、俄罗斯，也包括中国内地，其大学章程一般是结构严谨、体系完备的独立文件。而英美法系国家的大学章程多为复合型，更突出操作性、配套性，类似于习惯法，如在英国大学中普遍存在法令（act）、特许状（charter）、章程（statute）、条例（ordinance）和规定（regulation）中的二至四种管理文件。新加坡、澳大利亚和中国香港也在英美法系中。（参见《大学章程》，张国有主编，北京大学出版社，2011 年版。）

总之，大学章程就是大学的“宪法”，是大学得以存在和运作的最为重要的规则，也是大学自主地位的体现。可以说，拥有一部好的章程，一所大学就成功了一半，它是学校改革发展的有力保障。党的十八大和十八届三中全会对“法治中国”和“深化教育改革”提出了很多新要求。作为二者的结合点，依法治校大有可为。在政府教育管理职能不断转变、高校办学自主权不断得到落实和扩大的背景下，通过章程，形成用制度管事、用制度管人、用制度管权的依法治校架构，对高校抓住改革机遇，实现内涵发展，更具有重大而现实的意义。

微评

著名教育学家夸美纽斯曾说:“制度是学校一切工作的灵魂，哪里制度稳定，那里便一切稳定；哪里制度动摇，那里便一切动摇；哪里制度松垮，那里便一切松垮并陷入混乱状态。”

纵深阅读

柯文进，刘业进.大学章程起源与演进的考察[J].清华大学教育研究，2012(5).

二、为什么要制定大学章程

大学为什么需要章程？是因为国家法律的强制规定，还是因为人家都有，我们也要有？先来看一个影响深远的案例：田永诉北京科技大学拒绝颁发毕业证、学位证案，这是我国首例因大学生受学校退学处理产生的文凭纠纷案。

田永是北京科技大学 1994 级本科生。1996 年 2 月 29 日，田永在参加电磁学课程的补考时，随身携带写有电磁学公式的纸条，中途去厕所，纸条掉了出来，被监考教师发现。监考教师虽未发现其有偷看纸条的行为，但还是按照考场纪律，当即停止了田永的考试。北京科技大学根据该校“校发（94）第 068 号”文件《关于严格考试管理的紧急通知》，决定对田永按退学处理，并填发了学籍变动通知。但退学处理决定和变更学籍的通知未直接向田永宣布、送达，也未给田永办理退学手续，田永继续以该校大学生的身份修完了四年的本科课程，学习成绩和毕业论文已经达到高等学校本科毕业生水平。1998 年 6 月，临近毕业时，北京科技大学有关部门以田永已按退学处理、不具备北京科技大学学籍为由，拒绝为其颁发毕业证、学位证。原告田永认为被告北京科技大学行为违法，侵犯了其基本权利，遂向法院提起行政诉讼。

受理案件一审的北京市海淀区人民法院于 1999 年 2 月做出判决：被告北京科技大学在判决生效之日起 30 日内向田永颁发大学本科毕业证书，在判决生效之日起 60 日内组织本校有关院、系及学位评定委员会对田永的学士学位资格进行审核，在判决生效后 30 日内履行向当地教育行政部门上报有关田永毕业派遣的有关手续的职责。二审法院北京市第一中级人民法院驳回了被告北京科技大学的上诉，维持了一审判决。

法院生效裁判认为：高等学校依法具有相应的教育自主权，有权制定校纪、校规，并有权对在校学生进行教学管理和违纪处分，但是其制定的校纪、校规和据此进行的教学管理和违纪处分，必须符合法律、法规和规章的规定，必须尊重和保护当事人的合法权益。原告田永在补考中随身携带纸条的行为属于违反考场纪律的行为，被告可以按照有关法律、法规、规章及学校的有关规定处理，但其对原告做出退学处理决定所依据的该校第 068 号文件与《普通高等学校学生管理规定》第二十九条规定的法定退学条件相抵触，故被告所做退学处理决定违法。

同时，退学处理决定涉及原告的受教育权利，为充分保障当事人权益，从正当程序、原则出发，被告应将此决定向当事人送达、宣布，允许当事人提出申辩意见。而被告既未依此原则处理，也未实际给原告办理注销学籍、迁移户籍、档案等手续。

章程是依法治校的重要依据。从田永诉北京科技大学案可以看出，虽然大学有自己的办学自主权，但大学办学自主权是有法定界限的，超越了这个界限，自主权的行使就成了滥用权力。而现实中，许多大学确实存在着这种问题，一是相当一部分校内规章制度不同程度地存在着与国家法律法规相矛盾、相抵触的情况，二是各种类型的规章制度之间缺乏内在的统一性，或者在内容上互相矛盾，或者只有内容规定，而无相应的程序规定来保障内容规定实施的合法性。

作为“上承国家法律法规，下启校内规章制度”的大学章程，是推动和规范高校依法治校、自主办学的基础。通过章程可以实现法律原则规定与学校具体实际的结合，既体现法律政策的宏观要求，又体现学校的办学特色，从而把大学的自主权具体化、制度化和法治化，为学校依法治校提供具体可行的依据，促使学校遵照章程办事，形成以章程为核心的依法治理的体系机制。这正是制定大学章程的必要所在。

声音

章程制定面临三大难题

杨宗凯（华中师范大学校长）：章程建设是一个庞杂的系统工程，遇到困扰和难题是难免的。一个是思维惯性的问题，大家在没有章程的情况下，依靠经验惯性运行了很多年，因此，章程制定实施的过程就是从经验到法治的转换过程，这个过程的转变是比较难的，需要领导班子的高度重视，也需要全校师生的拥护支持。一个是章程特色的问题，“千校一面”的章程要极力避免，一定要体现办学特色，吻合学校实情，凸显自身个性，这个值得深入思考。一个是利益整合的问题，章程制定实施的过程也是充分体现协商民主和法治精神的过程。

章程是现代大学制度的基础。目前，我国已建立了世界上规模最大的高等教育体系。从 1949 年到 2015 年，高等院校从 205 所增加到 2845 所，毛入学率从

0.3%提高到37.5%，在学总规模位居世界第一，达到3500多万人。但我国高校的原始创新能力、有世界影响的重大科技成果产出量、世界杰出领军人才培养等方面，与世界先进水平相比，都还有不小的差距。我们是高等教育大国，但还不是高等教育强国。民众对高等教育的需求也从“能上学”转为“上好学”。制度建设既具有牵一发而动全身的全局性和根本性，也带有稳定性和长期性。面临新的发展机遇与挑战，建设现代大学制度成为高校管理体制改革新的目标与任务。

现代大学制度建设就是要在政府的宏观调控下，建设一套依法办学、自主管理、民主监督、社会参与的规则体系，构建学校与政府、社会之间的新型关系。要建设一所有特色、可持续发展的现代大学，如果没有一个严肃的制度体系作为框架支撑，那么学校秩序的维持、办学目标的实现、学术自由和大学自治的理念等，都不可能真正得以落实。章程是高等学校依法自主办学、实施管理和履行公共职能的基本准则，是大学治理理念、制度的集中体现，是学校接受监督、进行自律的基本依据，也是学校明确办学方向、凸现办学特色的重要保障。现代大学应通过章程建设，明晰大学内外关系，实现管理的规范化、法治化；并通过制度建设，提高资源利用效率，使资源分配方式更加有利于内涵发展而非外延扩张，更加有利于获得长远成效而非短期利益，形成规范、民主、法治的良好管理生态。

图说

《柏林大学章程》与现代大学制度

从中外大学发展的历史与规律看，章程在现代大学的制度体系中是必不可少的。1817年颁布的《柏林大学章程》确立了学院制、教师等级制、教授会制、讲座制、利益协商制五个方面的基本制度，不仅为柏林大学奠定了法律基础和组织机构框架，也形成了现代大学制度的基本框架。

柏林大学校园

声音

没有章程的学校，不是真正的大学

孙霄兵（教育部政策法规司司长）：现代大学制度是一系列的制度安排，一般而言，学校自治、学术自由和民主管理是现代大学制度的核心特征。推动高校章程建设既可以对大学举办者、办学者的权力边界与职责义务进行明确的界定，合理设置和规范举办者的权利义务及其在大学内的行使规则；也可以将大学的办学理念、组织属性、目标任务、民主机制和办学特色等落实在学校的制度层面，成为现代大学制度的标志和载体。可以说，没有章程的高校，还不是真正意义上的现代大学。

章程是高校科学发展的基本保障。高等学校的发展是一个长期的过程，应当以科学的发展理念和方向为指导，以稳定的发展路径和机制为保障，避免朝令夕改、频繁转换方向。要实现这样的目标，完善高校章程，健全制度的保障和约束就显得尤为重要。章程的作用就是要将大学的办学理念和目标制度化，并成为学校内各种规章制度的制定依据，从而使大学的管理行为、办学行为，具有统一的理念与风格。世界很多著名大学的章程就承载着该大学的历史，其中，一以贯之的办学理念、发展思路，铸就了具有自身独特内涵的大学精神和气质。因此，高校按照科学、民主的方式与程序，制定、完善章程，使高校的举办者、办学者、管理者以及教师、学生，都能够对学校的发展理念、改革方向进行讨论，这就是一个在校内外凝聚共识的过程。通过章程集中反映和明确大学作为教师与学生学术共同体的基本理念与人文特征，把反映大学自身的特点、符合教育规律的制度确定下来，这样学校的科学发展才能具有坚实的保障。

链接

大学章程反映出大学的差异和特色

复旦大学原校长、中国科学院院士杨福家在评述耶鲁大学的使命时说：“耶鲁大学提出了它的基本使命：保护、传授、推进和丰富知识与文化。初看耶鲁大学的基本使命，似乎只是词语的堆砌，但是仔细品味，就能了解，假如使命只有‘传授知识’，那么它就对美国近4000所大学与学院都适用；

若加上‘推进和丰富’，只有3%的大学能够胜任；再加上‘文化’两字，就只剩1%；至于能够涉及‘保护知识和文化’的，只怕不足3‰。大学的使命要有差别性、特殊性，如果一所大学的使命什么学校都能用，那它的表述就不很贴切了。”

谁是中国近代最早的大学？

2014年6月17日，教育部第18次部务会议审议通过了《天津大学章程》，章程于核准之日起正式生效。教育部批准的《天津大学章程》中肯定了其中的这样一段表述：“天津大学的前身为北洋大学，始建于1895年10月2日，是我国近代高等教育史上建校最早的高等学府。”这也就明确了中国近代高等教育开始于北洋大学，结束了“谁是中国近代最早的大学”之争。

天津大学校园风光

纵深阅读

米俊魁.大学章程价值研究[M].青岛：中国海洋大学出版社，2006.

三、大学章程包括哪些内容

在揭去了大学章程的神秘面纱，了解了何谓大学章程后，我们有必要对大学章程的内容进行勾勒，在头脑中形成一个完整的轮廓，以便丰富我们对章程的认识和理解。概括说来，我国的大学章程主要包括如下三部分：

一是国家规定的法定内容。我国1998年的《中华人民共和国高等教育法》第二十八条对大学章程的内容做了基本规定，2011年的《高等学校章程制定暂行办法》第二章对章程的内容做了集中规定，给出了章程内容的框架与参考。《高等学校章程制定暂行办法》第二章第七条，细化了《中华人民共和国高等教

育法》第二十八条确定的章程基本内容，对其做了逐一阐释和细化，提高了有关规定的可操作性。

链接

大学章程的法定内容

《中华人民共和国高等教育法》第二十八条规定

高等学校的章程应当规定以下事项：（一）学校名称、校址；（二）办学宗旨；（三）办学规模；（四）学科门类的设置；（五）教育形式；（六）内部管理体制；（七）经费来源、财产和财务制度；（八）举办者与学校之间的权利、义务；（九）章程修改程序；（十）其他必须由章程规定的事项。

《高等学校章程制定暂行办法》第二章第七条规定

章程应当按照高等教育法的规定，载明以下内容：（一）学校的登记名称、简称、英文译名等，学校办学地点、住所地；（二）学校的机构性质、发展定位，培养目标、办学方向；（三）经审批机关核定的办学层次、规模；（四）学校的主要学科门类，以及设置和调整的原则、程序；（五）学校实施的全日制与非全日制、学历教育与非学历教育、远程教育、中外合作办学等不同教育形式的性质、目的、要求；（六）学校的领导体制、法定代表人，组织结构、决策机制、民主管理和监督机制，内设机构的组成、职责、管理体制；（七）学校经费的来源渠道、财产属性、使用原则和管理制度，接受捐赠的规则与办法；（八）学校的举办者，举办者对学校进行管理或考核的方式、标准等，学校负责人的产生与任命机制，举办者的投入与保障义务；（九）章程修改的启动、审议程序，以及章程解释权的归属；（十）学校的分立、合并及终止事由，校徽、校歌等学校标志物、学校与相关社会组织关系等学校认为必要的事项，以及本办法规定的需要在章程中规定的重大事项。

二是包含办学自主权的行使规则的内容。《高等学校章程制定暂行办法》第二章第八条依据《中华人民共和国高等教育法》和《国家中长期教育改革与发展规划纲要（2010—2020年）》，对高等学校的教学、科研、招生、规划、人事、资产管理、收入分配、部门设置等9项自主权做了规定，明确高校要在章程中对自主权的行使与监督规则予以明示，作为教育部门和社会监督的依据。高校可以在自己的章程中体现自身所需要的办学自主权，经过政府核准后，就成为学校和政府的共识，就是双方共同的行为规范。这个规范明确了政府管理的权限和职责，政府各部门要尊重高校章程，支持和保障学校按照章程自主管理；也载明了高校自我发展的权利和自我约束的要求，使学校走上健康、稳健的发展道路。

链接

要当副教授“关系到位”者优先

2012年10月29日，《中国青年报》对四川省宜宾市某高校的职称评定乱象进行了曝光。报道指出学校副教授的评审乱象丛生，比如“对不符合条件的‘关系户’网开一面”“教学科研评分高的反而评不上职称”“发表在非法刊物上的论文也算分”“评选完全由投票决定，只看关系到不到位”“混行政圈子，比教学科研更重要”等，这一报道在全国引起了热议。这折射出大学权力被滥用，缺失应有的监督。大学不能保证权力的规范运行，自我约束机制不健全，成为政府不敢赋予大学过多权力的障碍。因此，一方面大学呼吁政府“扩大办学自主权”，另一方面大学办学自主权又陷入难以落实的矛盾局面。破解这对矛盾，需要制定切实可行的大学章程，着力健全学校办学自主权的行使与监督机制。

（图：唐春成）

三是体现先进办学理念的现代大学制度的内容。《高等学校章程制定暂行办法》明确高校要将决策机制、治理结构、民主管理、学术体制、专业评价、社会合作等建立现代大学制度所必备的制度原则，作为章程内容，明确内部各种权力的运行规则，包括：要依法规范和完善学校决策机制，在章程中要健全高校党的基层委员会领导下的校长负责制的具体实施规则、实施意见，规范学校党委会集体领导的议事规则、决策程序，建立支持校长独立负责地行使职权的制度规范；

要对学校治理结构和内部机构设置进行规范，明确学院以及教学、科研基层组织的管理制度；要规范学术机构的组成与运行规则，其中特别强调章程要明确学校学术评价规则的原则，为形成宽松的学术环境，保障教师、学生的教学自由、研究自由、学习自由做出制度性安排；要健全校内民主监督机制，对教职工代表大会、学生代表大会等民主管理主体的地位作用做出规定，明确学校自主设置机构的职责，保障它们在学校管理中发挥作用；要规定学校开展社会服务、获得社会支持、接受社会监督的原则与办法，健全社会支持和监督学校发展的长效机制，推动高校面向社会自主办学；要围绕高校提高质量的基本任务，明确学校保障和提高教育教学质量的原则与制度；要体现以人为本的办学理念，突出对教师、学生权益、地位的确认与保护，明确学校受理教师、学生申诉的机构与程序，成为健全校内纠纷解决机制、有效化解矛盾的基本准则。①

链接

章程的新意和细节

北京大学章程首次创设监察委员会。监察委员会由校纪委委员代表、民主党派代表、教职工代表、学生代表组成。监察委员会对学校机构及人员具有检查权、调查权、建议权、处分权。同时北京大学章程对校务委员会进行重新定位，规定校务委员会是学校的咨询议事和监督机构，是社会参与学校治理的组织形式；学术委员会实行定额席位制，由选举产生的教授委员、学生委员以及校长与校长委派的委员组成。清华大学的章程则规定学校可自主处理无形资产，校长不任学术委员会委员，捐资助学者可获荣誉职衔等。

（参见贺迎春：《高校章程发布只是万里长征走完第一步》，2014 年 10 月 12 日，人民网。）

目前，我国共有高等学校 2845 所，其中普通高等学校 2553 所（含独立设置民办普通高校 447 所、独立学院 275 所、中外合作办学 7 所），成人高等学校 292 所。这些学校分属不同的地区、部门，体制机制不同，办学历史、文化和发

① 孙霄兵.推进高校章程建设　完善中国特色现代大学制度[J].中国高等教育,2012(5).

展特色有很大差异，不同大学的章程应彰显不同的办学理念和办学特色。在遵从基本原则的前提下，不同高校的制度建设展现出不同的处理方法，可谓风格各异、各有千秋。正如教育部政策法规司司长孙霄兵所言："制定章程，不能用新的方式把学校管死了。学校愿意怎么写就怎么写，只要符合法律规定，不与国家的要求和法律规定冲突就行。"

链接

世界各国大学章程扫描

大学章程通过规定学校的办学理念和特色、学校发展目标和战略，校内各种关系、学校的领导体制、治理结构、管理模式，教职员工的权利和义务，学生的权利和义务等重要内容，回答包括现代大学治理等在内的现代大学制度的核心问题，为大学依法自主办学提供可行的自治规范。从世界范围内看，世界一流大学都有自己的大学章程，具有高度的权威性和严肃性，并以章程为基础制定了各种规范，形成了规范管理和依法治校的良好氛围。

在德国，大学是由国家设立的间接执行国家任务的公法人，有权依据国家法律的授权为管理自己的事务制定规章。大学在获得建立教育机构许可的同时，必须提出自己的大学章程作为其"基本法"。1737 年成立的哥廷根大学的哲学院章程规定："所有教授，只要不涉及损害宗教、国家和道德的学说，都应享有教学和思想自由这种责任攸关的权利。"这是德国第一次在法律的意义上申明学术自由的原则，因此，被看作是德国大学史上的一个里程碑。

在英国的高等教育治理中，大学章程起着核心作用。大学章程规定的大学治理结构主要包括社会参与的发展决策机制、校长负责的行政执行机制、教授治学的学术自由机制、监督分离的财物安全机制、程序公平的人事管理机制等。大学章程对一所大学而言居于大学宪章地位。

在美国，无论是公立高校还是私立高校，一般都有由大学权力机构（一般是学校的董事会）根据大学设立的特许状或地方政府颁布的教育法律法规而制定的大学章程，虽然不同大学的章程在表述和内容构成上存在差异，但其基本内容一般都明确了大学的理念、办学宗旨、教学事务及教师的学术权力、学位的授予、学生事务、经费来源、财产与财务制度、章程修改程序等

重大事项，尤其规定了董事会及其下属各个委员会的组织构成、成员的选举与任用等大学决策的方式与程序，因而成为规范大学运作的纲领和法则。

日本大学原本没有章程，但是伴随着先期启动并于2004年4月正式实施的大学法人化改革，从明治时期开始100多年政府对大学的传统管理模式发生巨大变化，各个大学都在重新研讨自身定位与未来发展目标，大学章程作为一种新制度管理下的新形式应运而生。2003年3月18日召开的东京大学评议会通过了《东京大学宪章》，之后在《东京大学宪章》的范本之下，各个大学纷纷效仿制定自己的宪章（章程）。宪章（章程）的制定使大学法人化改革在学校实践层面制度化，使法人化管理在学校执行中有章可循，有据可依。大学宪章（章程）作为校内总纲领，集中反映了大学两个方面的制度诉求：一方面是对外部评价的一种责任说明，明确在长期的目标之下，大学管理制度的理念，基本原则与组织运营机制；另一方面是在大学被授予自治自主权后，在法人化改革的法律框架下行使自治权利的自我规范，是对内部管理的一种自律性追求。

（参见湛中乐：《现代大学治理与大学章程》，《中国高等教育》，2011年第9期。）

纵深阅读

湛中乐. 现代大学治理与大学章程[J].中国高等教育，2011(9).

四、大学章程是如何出炉的

当我们翻开学校的章程，或许会觉得平淡得有些出奇，白纸黑字似乎与其他印刷品无异。但或许大家不知道，这些文字背后凝聚了无数的智慧和心血、传统和特色，甚至是斗争和妥协。了解一部章程的诞生轨迹，就像了解一份佳肴的烹饪流程，我们会惊叹平凡背后的雄奇，会对其产生更大的兴趣。

天下“武功”出“少林”：大学章程的总指挥

经过长期的准备，2011年7月12日，教育部第21次部长办公会议审议通过了《高等学校章程制定暂行办法》（教育部令第31号），并于2012年1月1日起正式施行，这是中国高等教育发展史上具有里程碑意义的重要事件。自此，我国大学章程建设有了统一的指导规范。

链接

部　令

教育部令是行政规章的一种。《中华人民共和国宪法》（2004年3月修正）第九十条规定，国务院各部、各委员会根据法律和国务院的行政法规、决定、命令，在本部门的权限内，发布命令、指示和规章。《规章制定程序条例》第六条规定，规章的名称一般称“规定”“办法”，但不得称“条例”。在我国，行政规章属于法的渊源之一，其效力和地位排在宪法、法律、行政法规之后。行政规章对于一般行政相对人来说，是具有法律意义上的约束力的规范，它靠国家权力的强制力保证其实施。对于违反行政规章所规定的行政法义务的当事人，有关的行政主体有权依法实行行政强制执行。

《高等学校章程制定暂行办法》分为总则、章程内容、章程制定程序、章程核准与监督以及附则五章，共33条，从实体和程序两个方面，对高校章程制定的原则、内容、程序以及核准和监督中所涉及的主要问题、主要环节进行了全面规范。主要解决目前公办高校多数还没有章程或者已有章程不符合现代大学制度要求的问题，目的是为高等学校制定章程提供内容指导与程序规范，推动高等学校以章程建设为核心实施整体改革，制定符合法律规定、体现学校需求与特色的高质量章程；同时，规范高校章程制定、核准的程序，使高校章程通过科学、民主、公开的程序，具备应有的法律效力。

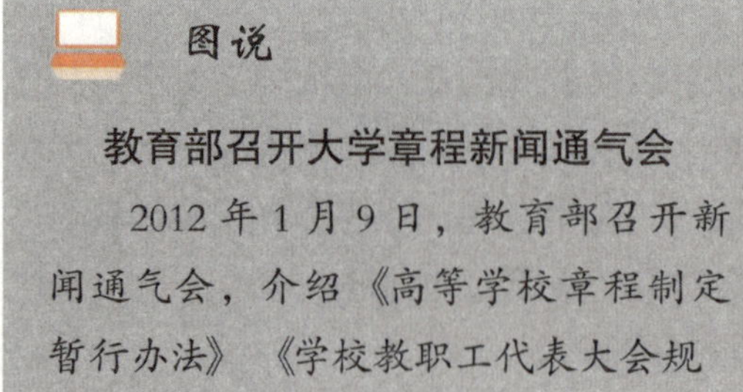

图说

教育部召开大学章程新闻通气会

2012年1月9日，教育部召开新闻通气会，介绍《高等学校章程制定暂行办法》《学校教职工代表大会规

定》《高等学校教师职业道德规范》有关情况。《高等学校章程制定暂行办法》自 2012 年 1 月 1 日起施行，所有高等学校在 2012 年内需全面启动章程制定或者修订工作。

章程合法性的基石：环环相扣的程序

《高等学校章程制定暂行办法》第三章用 7 条内容详细规定了章程制定程序，第四章用 9 条内容详细规定了章程核准与监督。办法规定，章程起草组织应当由学校党政领导、学术组织负责人、教师代表、学生代表、相关专家，以及学校举办者或者主管部门的代表组成，可以邀请社会相关方面的代表、社会知名人士、退休教职工代表、校友代表等参加。章程草案应提交教职工代表大会讨论，提交校长办公会议讨论通过后，经学校党委会讨论审定后由法定代表人签发。章程制定的全过程都要遵循科学、民主、公开的原则，采取开门立法的方式，充分反映和吸收各方面意见，使章程起草成为学校凝聚共识、促进管理、增进和谐的过程。

微评

☆没有程序就没有真正的法治可言。

☆程序正义是“看得见的正义”。

☆用程序增进公开、民主。

☆章程制定涉及师生切身利益，要积极参与。

☆章程制定的过程就是凝聚共识、促进管理、增进和谐的过程。

☆章程制定程序是中国特色现代大学制度的充分体现。

章程核准方式因高等学校举办者的不同而有所差别。地方政府举办的高等学校的章程由省级教育行政部门核准，其中，本科以上高等学校的章程核准后，应当报教育部备案；教育部直属高等学校的章程由教育部核准；其他中央部门所属高校的章程，经主管部门同意，报教育部核准。核准机关应当指定专门机构对章程核准稿的合法性、适当性、规范性以及制定程序，进行初步审查。审查通过的，提交核准机关组织的章程核准委员会评议。章程核准委员会由核准机关、有关主管部门推荐代表，高校、社会代表以及相关领域的专家组成。经核准机关核准后，高等学校就可以以学校名义发布章程的正式文本，并向本校和社会公开了。

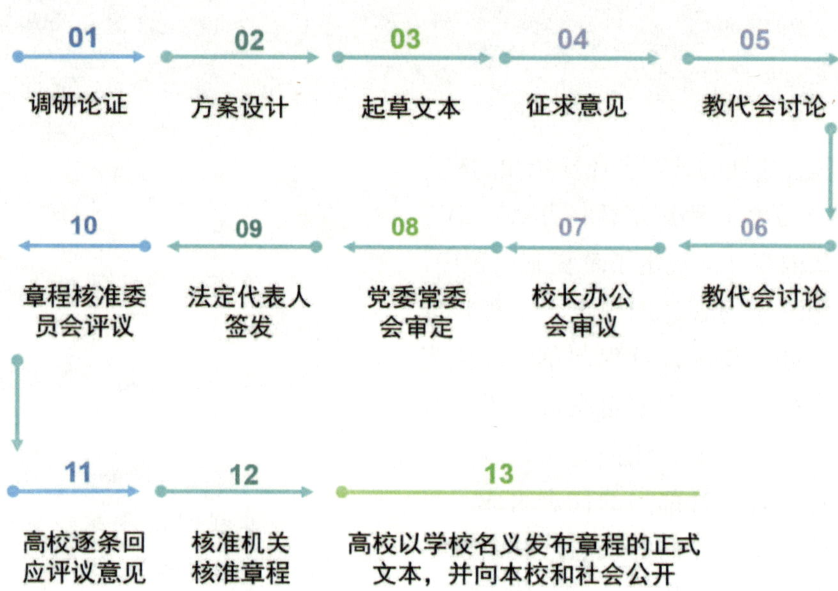

中华人民共和国教育部
高等学校章程核准书

第6号

华中师范大学：

根据《中华人民共和国高等教育法》《高等学校章程制定暂行办法》，你校第10届学校党委会第14次全体会议审议通过并报我部核准的《华中师范大学章程》，经教育部高等学校章程核准委员会第1次会议评议，2013年10月8日教育部第33次部务会议审议通过，现予核准。

核准书所附章程为最终文本，自即日起生效，未经法定程序不得修改。你校应以章程作为依法自主办学、实施管理和履行公共职能的基本准则和依据，按照建设中国特色现代大学制度的要求，完善法人治理结构，健全内部管理体制，依法治校、科学发展。

中华人民共和国教育部
2013年11月16日

江西省教育厅

江西省高等学校章程核准书

第5号

江西师范大学：

根据教育部《高等学校章程制定暂行办法》（教育部令第31号）和《江西省高等学校章程核准办法（试行）》（赣教法字〔2012〕10号）精神，你校报送我厅核准的《江西师范大学章程》，经江西省高等学校章程核准委员会第2次会议评议，并报省人民政府同意，现予核准。

核准书所附章程为最终文本，自即日起生效，未经法定程序不得修改。你校应以章程作为依法自主办学、实施管理和履行公共职能的基本准则和依据，按照建设中国特色现代大学制度的要求，完善法人治理结构，健全内部管理体制，依法治校，科学发展。

江西省教育厅
2014年12月31日

声音

高校章程发布只是万里长征走完第一步

邵鸿（全国政协常委、副秘书长）：高校制定颁布章程虽然是一种进步，但并不等于说“依法治校”就水到渠成，自然实现，其原因如下：第一，目前大学章程的制定主体是大学本身，章程虽须经教育主管部门的认可和批准，但其对政府的约束力相当有限；第二，从目前颁布的学校章程来看，不少章程确实存在着文本较为原则、空洞，制度规定因袭现实、缺少能够解决实际问题的改革举措的问题；第三，即使是文本相对理想的大学章程，如果学校管理者并无真正的决心和动力去切实加以落实，也很容易流于形式。

纵深阅读

孙霄兵.中国特色现代大学制度建设研究[M].北京：教育科学出版社，2012.

五、我国大学章程的前世今生

“大学章程”是这几年的教育热词，但并非这些年才出现。如果把古代的书院也看作大学的一种，那么中国的大学章程甚至可以追溯到宋代一批书院制定的成文规章。让我们一起来看看，那些年，我们曾经拥有过的章程。

古代书院规章：最古老的大学章程？

书院是由著名学者私人创建或主持的一种教育组织和学术研究机构，始于唐，盛于宋，沿袭至元、明、清，在我国封建社会存续1000多年。南宋淳熙七年（公元1180年），朱熹撰写《白鹿洞书院揭示》，不但写明了书院教什么、学生怎么学，还对学生的修身、处事、接物各方面都有规定，可谓书院办学的基本准则。但书院毕竟与近代大学在办学模式和教育理念、教育内容上都相距甚远。朱子规定的教条，还是道德训示的成分居多，与现代意义上的大学章程规定的内容明显不同。

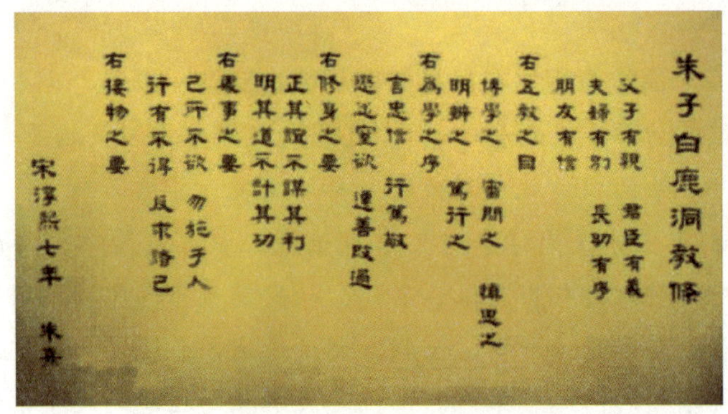

朱子白鹿洞教條

父子有親 君臣有義
夫婦有別 長幼有序
朋友有信
右五教之目
博學之 審問之 謹思之
明辨之 篤行之
右為學之序
言忠信 行篤敬
懲忿窒欲 遷善改過
右修身之要
正其誼不謀其利
明其道不計其功
右處事之要
己所不欲 勿施于人
行有不得 反求諸己
右接物之要

宋淳熙七年 朱熹

《白鹿洞书院揭示》

晚清到民国：大学章程的时代印记

晚清，国内风雨飘摇，清朝统治者企图通过新政延续统治，于是开始进行学制改革，科举一概废止，书院改称学堂，取而代之的就是我们现在所习称的“小学”“中学”“大学”。1898 年，中国历史上第一所现代意义上的大学——京师大学堂成立。作为当时的最高学府，京师大学堂创办时就以《奏议京师大学堂章程》作为自己的合法性来源。1902 年，京师大学堂在经历“庚子之变”后重办，由张百熙主持修订更加完备的《钦定京师大学堂章程》，对大学堂的入学方式、入学资格、课程体系、教师聘请等事务都做了更为具体的规定。

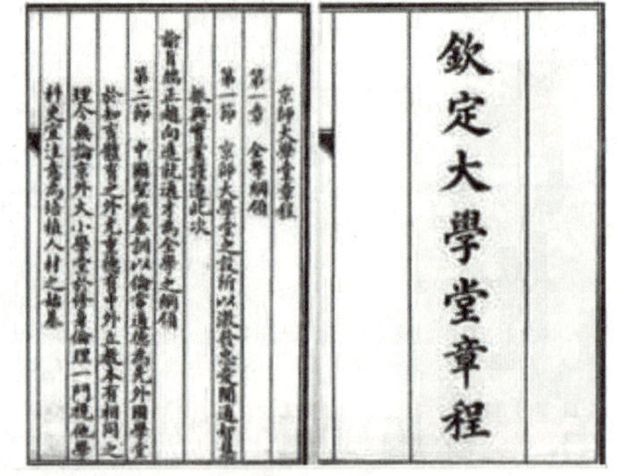

欽定大學堂章程

《钦定大学堂章程》

民国时期大学地位相对独立，大学章程的制定由晚清政府的一手包办变为学校自主制定与教育部的核准相结合。内容方面，民国大学章程法律特征明显，制定、修改程序规范，规定了学校的内部管理体制，尤其注重保障教授治校。这一时期，著名的大学章程有蔡元培主持制定的《国立北京大学现行章程》，其对学校的内部管理体制进行规范，规定成立评议会、教务会议和行政会议。制定于 1927 年的《清华学校组织大纲》则明确提出了教授治校的主张。

新中国到 20 世纪末：大学章程的曲折历程

新中国成立后，我国按照社会主义大学的办学要求，借鉴苏联模式对高等教

育进行一系列改造。在很长一段时间里，大学的办学自主权比较小，政府的指令和政策成为办学依据。尤其是十年“文革”时期，高等教育遭受巨大破坏，大学章程更是无从谈起。改革开放以来，我国对高校的地位和性质进行了重新定位，明确了大学作为事业单位的法人地位。进入 20 世纪 90 年代，社会各界关于扩大大学办学自主权、保障高校独立性的呼声越来越高。1995 年，《中华人民共和国教育法》颁布实行，首次明确学校及其他教育机构要“按照章程自主管理”。1998 年的《中华人民共和国高等教育法》中规定，“设立高等学校”要提交包括章程在内的审批材料，并对章程中应包括的内容做了详细规定。不过，由于历史惯性的影响和重视程度的不同，此时拥有章程的高校还是寥寥无几。

21 世纪：大学章程建设进入快车道

2010 年，我国制定《国家中长期教育改革和发展规划纲要（2010—2020 年)》，明确提出“各类高校应依法制定章程，依照章程规定管理学校”。同年 10 月 24 日，国务院下发《关于开展国家教育体制改革试点的通知》确立包括中国人民大学、华中师范大学在内的 26 所部属高校为“建立健全大学章程，完善高等学校内部治理结构”试点院校。

第一批高等学校章程核准书（中国教育报记者　高海涛摄）

紧接着，2012 年《高等学校章程制定暂行办法》（教育部令第 31 号）正式实施，章程制定有了详细的指导规范。2013 年 11 月，中国人民大学、东南大学、东华大学、上海外国语大学、华中师范大学、武汉理工大学第一批六所高校的章程获教育部核准生效，这标志着中国高校正式进入“章程时代”。此后，我国大学章程的建设和审核进入快车道。

声音

制定核准首批高等学校章程具有重要意义

孙霄兵（教育部政策法规司司长）：首批高等学校章程的核准颁布，标志着落实《国家中长期教育改革和发展规划纲要（2010—2020 年）》，推进中国特色现代大学制度建设进入了新的阶段。这是深化高等教育管理体制改革，推动高等学校内涵式发展的重要步骤，是健全完善高校事业单位法人治理结构的重要一步。长期以来，教育部不断探索实践高校能够依法规范行使自主权，主管部门能够有效依法实施监管的制度与办法。通过章程科学界定政府与学校之间的关系，在高校内部建立并完善自我发展、自我监督机制，是其中的重要举措。六所高校章程被依法核准后，对学校和学校的主管部门以及有关方面都具有相应的法律效力。尊重章程、按照章程办事、根据章程实施管理，要成为今后教育行政部门、高等学校和社会各方共同的观念和行为准则。

截至 2015 年 6 月 30 日，全国 112 所“211 工程”高校章程（含 38 所“985 工程”高校，军事院校除外）率先全部完成核准发布工作，高校章程建设取得标志性成果，依法办学、依章程治校逐渐成为高校管理和发展中的新常态。

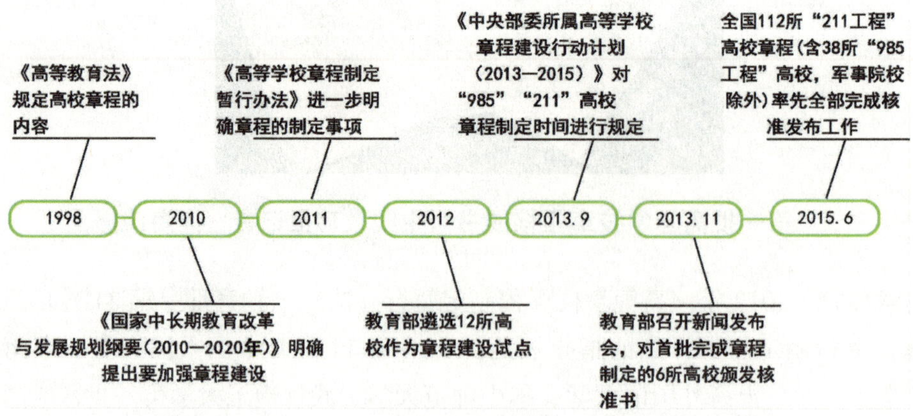

我国大学章程建设时间表

链接

我国台湾、香港、澳门地区的大学章程

在我国台湾，1948年版的《大学法》经过13次修正，至今仍为台湾地区大学组织规程的法律依据。现行的《台湾大学组织规程》就是经过近20次修订所成的结果。

香港地区的大学继承了英国大学的传统，由政府制定大学条例，并将其纳入香港的法律体系之中，大学董事会根据条例制定更为详细的内部规程。香港地区的大学章程包括条例（ordinance）、规程（statute）两部分，其中条例是总纲，规程是从更细的层面上规定学校的各项事务。

澳门回归后，澳门特别行政区根据《澳门特别行政区基本法》制定了《澳门大学法律制度》，规定了大学性质及宗旨、总址及分校、机关、监督实体、章程及内部规章、自主权、法律制度、财政收入、税收豁免、人员制度等。2006年，澳门特别行政区核准了《澳门大学章程》及相关文件。

（参见《大学章程》，张国有主编，北京大学出版社，2011年版。）

纵深阅读

高靓.中国大学步入“宪章”时代[N].中国教育报，2013-11-29.

第二章

学校治理的根本准则

——怎样理解大学章程与学校治理的关系

一、为什么说大学章程是校内“宪法”

章程之于高校，正如宪法之于国家，因此，可以说，大学章程是校内的“宪法”。这主要可以从以下两个方面来理解：

（一）从地位上讲，宪法是国家的根本大法，大学章程是高校的“根本大法”

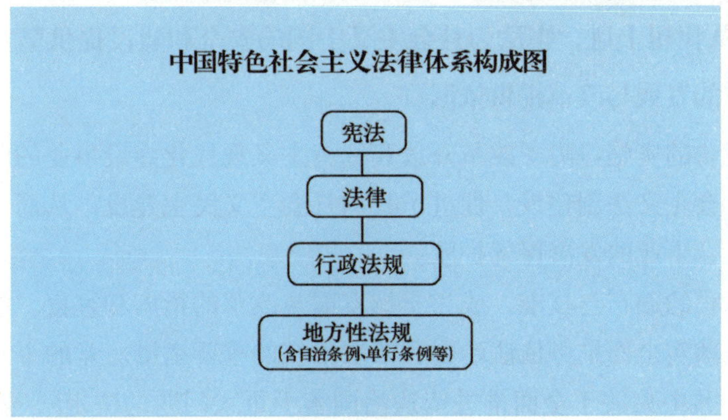

宪法的地位

宪法是一个国家的根本大法，规定国家的根本任务和根本制度。《中华人民共和国宪法》是我国的根本大法，是治国安邦的总章程，是保持国家统一、民族团结、经济发展、社会进步和长治久安的法律基础，是中国共产党执政兴国、团结带领全国各族人民建设中国特色社会主义的法律保证。其他一切法律制度的制定和执行必须以宪法为基础。

中华人民共和国宪法

国家宪法日（12 月 4 日）

高等学校章程是高等学校根据《中华人民共和国教育法》《中华人民共和国高等教育法》的规定，按照《高等学校章程制定暂行办法》和其他有关规定，经过内部起草、民主讨论、协商和审议，并经教育主管部门依法审定或者核准程序，形成的规范和基本管理制度，内容涵盖高等学校的办学宗旨、办学目标、内部治理结构、决策程序、各种组织规程、民主监督机制等。因此，章程就是学校的根本大法，上承国家法律法规，下启学校其他规章制度。

（二）从作用上讲，宪法为社会主义中国的安全和建设提供坚实保障，大学章程为学校的发展与改革提供依据

我国宪法的实施保障了改革开放和社会主义现代化建设事业的顺利进行，推动了我国社会主义法制建设，促进了我国社会主义民主建设，从而为我国人权事业和各项社会事业的发展保驾护航。

大学章程的颁布与核准，成为学校发展与改革的指南和宣言。第一，大学章程的修订是落实全面推进依法治国和依法治校的重要举措。党的十八届四中全会通过了《中共中央关于全面推进依法治国若干重大问题的决定》，提出“要坚持依法治国、依法执政、依法行政共同推进，坚持法治国家、法治政府、法治社会一体建设，促进国家治理体系和治理能力现代化”。而依法制定大学章程并严格依照章程治理，既是推行法治建设对高等学校提出的基本要求，也是高等学校推进依法治国方略的切实举措。第二，章程的修订是深化学校治理结构改革的良好契机。大学治理结构是现代大学制度的本质与核心，章程作为学校的总宪章，是大学治理理念、治理结构的集中体现，是调节学校内外关系的基本准则，是学校接受监督、进行自律的基本依据。通过大学章程的修订过程，可以把经过各利益相关方广泛参与、充分讨论达成共识的大学治理的一般规律稳定和规范下来，从而以此为契机深化改革。第三，章程的修订是彰显高校大学精神和校园文化的最佳载体。大学是以学术为本，以研究高深学问、培养高级人才、从事文化传承和创新为宗旨

大学精神，是大学之本、学人之根、学术之本。不提根本精神，大学章程只能是花样文章，是无源之水，无本之木。大学将难以立足，学人将失去精神导向，学术将难以兴旺。

的学术组织。大学独特的精神气质来源于大学自身的历史积淀，来自于大学已有的文化传统。作为学校的根本大法，大学章程承载着大学精神，昭示着大学使命。章程起着一种宣言的作用，旗帜鲜明地向社会宣示了大学的办学理念、办学宗旨，展示了大学师生共享的规范和价值。

微评

章程诚可贵，落实价更高。唯有体现现代大学制度精神的大学章程真正落到实处，才能体现大学章程的价值所在。不能真正付诸实施的大学章程，写得再好都难逃“花瓶”厄运。

链接

耶鲁大学章程的特点

美国研究型大学已经成为现代大学发展的典范。纵观这些大学，发现它们都具有高度权威性和严肃性的章程，具有管理和治校的良好氛围。作为世界知名高校的美国耶鲁大学能够在强手如林的高等教育界脱颖而出，其主要原因在于大学章程的科学性和实用性。

首先，治校管理学术化。耶鲁大学章程明确表示终身教授是本学院永久性行政人员，与校长、教务长、院长一同组成“永久性工作人员委员会”，在得到授权的情况下，该委员会成为学院行政组织，管理学院并负责与教育政策相关的事项。教授参与管理可谓是对教授治校（教授集体全权管理大学学术性和事务性事务）传统理念的发展。

耶鲁大学

其次，决策程序专业化。凡重大事务，耶鲁大学都会由董事会下属专业委员会投票决策，再将决策报告董事会审议。这些委员会涵盖了10个专业领域，涉及学校从内部教学、管理及发展到外部社会关系等方方面面的事务，有如此强大的专业决策智囊团为学校出谋划策，是董事会做出正确决策的有力保障。

最后，岗位设置适用化。岗位设置主要是指行政人员的岗位、职务设置。耶鲁大学的行政人员设有教务长一职，并且教务长在整个学校中的行政管理权限大、地位高，是位列校长后的教育和行政长官，管理学校所有教育政策和教育活动，除校长外，所有学院院长、委员会主席和其他教育负责人都要向教务长报告工作，由教务长负责拟定教育经费预算。除此之外，章程中还规定副校长在某些委员会中同时要兼任秘书之职，这些人事方面的设置都与我国大学章程截然不同。另外，美国大学不设财务科，而只由财务主管及其助理人员负责财务工作。这样的岗位设置方式将工作具体到某个人，避免了多头管理、机构重设的问题。

纵深阅读

徐静.没有章程的学校不是真正的大学[N].广州日报，2014-10-10.

二、大学章程如何体现中国特色现代大学制度架构

（一）有中国特色的现代大学制度的内涵

现代大学制度并非一个既定的存在，而只是一个构建中的事实，具有理论性与实践性、开放式与适应性、国际性和本土性并存的特征。理解中国特色现代大学制度的内涵，可以从广义和狭义两个角度来界定。广义上的中国特色现代大学制度是指依据我国高等教育方针建立起来的，适应经济社会发展要求、符合现代大学特征、具有中国特色的关于高等学校的规范和秩序。其外延包括两个层面，在宏观层面上体现为外部制度，反映大学与政府以及大学与社会的关系；在微观层面上体现为内部制度，规范高校内部各种关系。而狭义上的中国特色现代大学制度是指高等学校内部权力关系的规范和秩序，如党委领导下的校长负责制、大学章程、教授委员会制度以及高校内部管理的其他制度。推进高等学校章程建

设，是教育部贯彻落实党的十八大、十八届三中全会精神和《国家中长期教育改革和发展规划纲要（2010—2020年）》要求，深入推进高等教育综合改革，建设现代大学制度的一项重要举措。

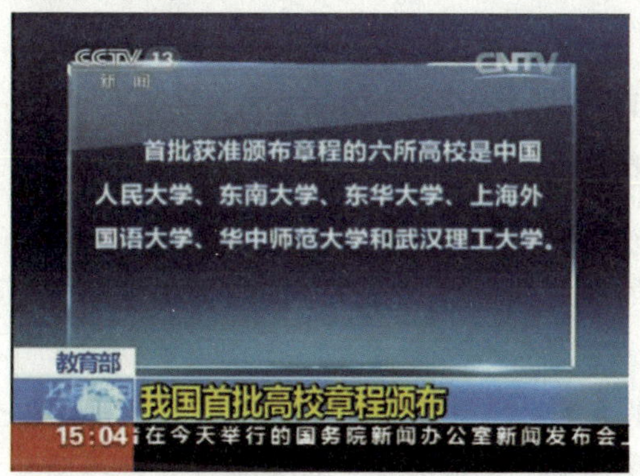

首批高校章程颁布

声音

刘延东：加快建设中国特色现代大学制度

中新网2013年8月23日电　据中国政府网消息，中共中央政治局委员、国务院副总理刘延东在直属高校工作咨询委员会第23次全体会议上强调，要以十八大精神为指导，加快建设中国特色现代大学制度，推进高等教育现代化，促进高校深化改革，提高质量，内涵发展，培养千百万合格建设者和优秀接班人，在建设中国特色社会主义伟大事业、实现“两个百年”目标和“中国梦”的历史进程中贡献更大力量。

刘延东指出，建设中国特色现代大学制度，要转变政府职能，处理好政府、学校、社会的关系。要强化政府统筹指导、宏观布局和质量监督功能，推动高校面向社会、依法自主办学、实行民主管理，发挥社会力量在高校公共治理、评估评价等方面的作用，为高校发展创造良好的外部环境。

刘延东强调，高校要完善内部治理结构，坚持和完善党委领导下的校长负责制，充分发挥学术组织作用，拓宽师生参与民主管理和监督的渠道，构建以大学章程为龙头的制度体系，深化人才培养、人事制度、科研及院系管理体制改革，增强高校健康发展的内生动力。高校领导班子要把握正确的办学方向，掌握意识形态工作的主导权，深入开展党的群众路线教育实践活动，潜心办学，开拓创新，勇于担当，不断提高治校办学水平，努力办好人民满意的高等教育。

（二）大学章程如何体现有中国特色的现代大学制度

大学章程的建设在外部关系处理上就是要立足构建政府、大学、社会之间的新型关系，重点解决好政府如何依法管理大学、社会如何参与和监督大学的建设与发展，在内部关系处理上就是要形成良好的内部治理结构，这充分体现了现代大学制度的内涵。

宏观层面：中国特色现代大学制度主要用来规范政府、社会与高校三要素之间的关系，其目标是构建起“依法办学、自主管理、民主监督、社会参与”的高等教育管理体制。大学章程在制度规范上明确了举办者（政府）、大学和社会三者在中国大学建设过程中的职责、使命与作用。比如大学章程中明确指出了谁是举办者、谁是管理者、谁是监督者。大学的设立、分合或终止必须经过谁的批准，大学的具体管理过程由谁执行、由谁监督。大学章程也体现了在现代大学制度建设中，明晰政府的职责和权限，充分落实和扩大高校自主权，推进社会参与高校建设的理念和价值。

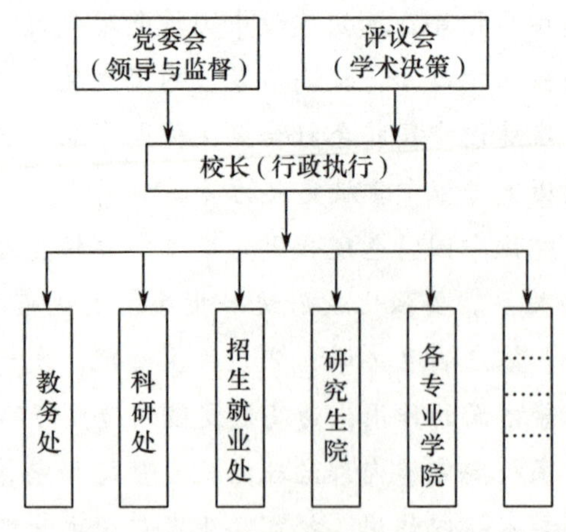

学术权力与行政权力划分

微观层面：中国特色现代大学制度的内部治理体系主要包括党委会、校务会、学术委员会、教职工代表大会四个基本要素，大学章程在大学内部治理体系

建设方面的目标是构建起“党委领导、校长负责、教授治学、民主管理”的高校内部管理体制，比如完善治理结构、加强规章制度建设、完善内部管理、推进专业评价等。首先，大学章程明确划分行政权力与学术权力。高校是集政治、行政、学术三元一体的组织体系，高校的治理结构首先要坚持和加强党委领导下的校长负责制。在高校学术权力系统中，建立起学术委员会集体决策、校长和院长执行、教职工代表大会监督的学术运转机制。其次，大学章程强调加强制度建设，完善内部管理。在制定和完善高校章程基础上，以章程为纲，进一步加强配套制度建设，比如人事制度改革、校院两级管理体制改革、财务管理制度改革等。再次，大学章程强调扩大与社会合作，积极推行专业评价。《国家中长期教育改革和发展规划纲要》将“积极发挥行业协会、专业学会、基金会等各类社会组织在教育公共治理中的作用”，“促进管办评分离”等列为重要任务。建设现代大学制度，政府是主导，大学是主体，社会参与和监督是重要保障。

链接

现代大学之母——柏林洪堡大学

柏林洪堡大学是德国首都柏林最古老的大学，于1809年由普鲁士教育改革者、语言学家威廉·冯·洪堡及弟弟亚历山大·冯·洪堡所创立，是第一所新制的大学，对于欧洲乃至于全世界的影响都相当深远，被誉为“现代大学之母”。在创办之初，柏林洪堡大学放弃了仿效法国建立只承担教学和人才培养功能的专科学校，主张建立一所完全意义上的大学。当时，创办人威廉·冯·洪堡提出两条基本原则。一是统一，强调各种知识之间的价值是平等的，不存在高和低，因此，大学不能办成单科大学。这个原则解决了教学与研究的统一问题。二就是自由，就是大学在其与国家的关系上有一定的自由。柏林洪堡大学是由普鲁士王国拨经费资助，即由国家开办，但洪堡保持着高度警醒的态度，他提出：“国家不能直接希望从大学获取它所需要的东西，只能希望等到大学实现自己的目的以后，大学才能真正为国家提供它所需要的东西。”通过强调自由原则，洪堡为柏林洪堡大学建立了“教学自由”和“学习自由”两条基本原则。

纵深阅读

1.孙霄兵.中国特色现代大学制度建设研究（修订版）[M].北京：教育科学出版社，2014.

2.陈雨露.建设回归本位的大学章程 完善中国特色现代大学制度[J].中国高等教育，2014(3/4).

三、大学章程如何体现学校与政府的关系

大学章程的实施是构建现代大学制度的重要内容，而现代大学制度的首要特点是自主办学，大学章程作为高校依法治校的依据，是大学自主办学的保障。大学章程明确了政府作为举办者与学校的关系，进一步明晰了政府与学校的权限和义务，核心是"简政放权"，缩小政府权力和管理职能，扩大高校的自主权力。

（一）大学章程重建了政府与学校的关系

在计划经济体制下，我国政府集高校的举办权、管理权和办学权于一身，政府往往看重管理的干预性与控制性，对高校内部的各种事务管理过细，导致高校的办学自主权受到政府职能的严重影响而不能真正得到落实。高等教育很大程度上是"教育部办学"，而中小学基本是"教育局办学"，"教育家办学"的理想一直难以落实。教育主管部门集举办、管理和评价于一身，导致教育服务的质量不高、标准单一，与社会需求脱节。伴随知识经济、全球化、信息化等社会环境的重大变化，在利益多元化的社会格局中，需要按照以人为本的价值重新定义教育和教育服务，建立新的教育治理结构。这是政府转型、改善教育公共服务新的逻辑起点。政府治理方式的改革，核心就是通过简政放权，转变职能，改善教育公共服务，重建政府、市场、社会、学校的关系。这些年来，教育改革取得了一系列成果，民办学校从无到有，由少到多，教育机构的发展也蒸蒸日上，高校的办学自主性也日益突显，高校管理也日趋民主，政府对于高校的管理主要是宏观指导，而不再是处处干预。大学章程的出台，实际上是对前期教育改革成果的巩

固，以章程形式对改革成绩予以肯定，合理划分学校与政府的各自权限及责任、义务。政府作为举办者要指导学校的发展方向，规范学校的办学行为，监督学校执行国家法律，并保护学校的合法权益不受侵犯。学校要接受政府的指导和监督，依法办学，努力提高办学质量，并且必须达到政府的办学要求和目的。

（二）大学章程重塑了政府对学校的管理职能

计划经济时代，政府集举办者、管理者、办学者于一身，对于学校管得太多、管得太细，并打下了时代的烙印，严重制约了高校的办学自主性，阻碍了高校的发展进程。大学章程的设立则进一步明晰了政府对于高校的管理职能，一是实现对政府职能的缩减；二是要求转变政府职能，由管理者角色向服务角色转变；三是由直接管理模式向间接管理模式转变。政府的主要职能是宏观指导，做好评估与监督，在物力、人力、财力上给予充分的保障，做好服务工作。

（三）大学章程确立了学校对于政府的自主性

依法自主办学是现代大学制度的精髓，大学章程通过合理划分政府权限、科学界定政府的管理职责，也就确立了高校的自主权范围，保障了学校对于政府的自主性。政府是举办者，学校是办学者，学校在遵守国家宪法和法律以及政府制定的相关规章制度的前提下，自主管理学校内部事务、自主开展教学活动，实行教授治学、民主管理。政府不能越位，只能在相关法律和大学章程规定的有限范围内对大学事务进行管理，凡是没有授权的行政行为，则是不尊重学校的自主权。同时，学校的自主权也不是无限的，只能在法律和大学章程的规定范围内行使，依法是自主的前提。

建立现代大学制度是深化我国高等教育改革的基本方向，大学应坚持和完善党委领导下的校长负责制，并依法保障教职工民主参与和民主监督的权利，不断深化大学内部管理体制改革。建立现代大学制度，关键在政府，政府要转变职能，分化角色，为真正落实高校的办学自主权创造条件。大学章程

微评

厘清政府与学校的关系，合理划分两者的权限，既是全面推进依法治国的要求，也是全面深化改革的要求。

的出台就是以有法律效力的文件进一步规范了政府与学校的关系，为高校的办学自主权提供了法律保障。

声音

面向未来，怎样扩大高校自主权

陈雨露（中国人民大学校长）：《国家中长期教育改革和发展规划纲要(2010—2020 年)》中明确提出要落实和扩大学校办学自主权。十八届三中全会做出了全面改革的部署，强调要深化教育领域综合改革。面向未来，我们认为，需要重点突破的是两个方面。一是政府管理部门要放权，理顺政府与学校的关系，实现“管办评分离”。贯彻十八届三中全会精神，加快转变政府职能，进一步简政放权，逐步建立政府权力清单制度，原则上凡是由学校能自主决定的事项应当一律下放到学校。二是学校要完善内部治理结构，形成自我约束、自我规范的体制机制。学校能不能自我约束、自我规范，这是政府放权的制度前提。学校要加强内部治理结构的完善，真正把“党委领导、校长负责、教授治学、民主办学”结合起来、统一起来，健全完善现代大学制度。

链接

美国大学与政府的关系

美国大学总体上被认为具有高度的自治权利，但美国政府在高等教育领域内对大学的干预又是大幅度和全方位的。纵观美国政府与大学关系的演变历史可以看出，大学自治实质体现为大学与各种力量之间的妥协，这其中最重要的就是政府。政府控制在政府与大学的博弈过程中居于主导的地位，政府对大学的控制与政府职能的扩张程度、经济景气程度和社会对高新技术的依赖程度呈正相关的关系。尽管美国政府对大学的控制总体呈现逐渐加强的态势，但政府力量对大学的介入有一个无法逾越的边界，那就是大学作为独立法人所拥有的自治权利。

纵深阅读

1.陈文干.美国大学与政府的权力关系变迁史研究[M].杭州：浙江大学出版社，2015.

2.周建民，陈令霞.我国政府与大学关系研究之评析[J].东北大学学报：社会科学版，2006(2).

四、大学章程如何体现学校与社会的关系

任何社会都是由政治、经济、文化三个系统构成的，它们相互依存、相互协调、相互贯通，共同组成一个有机的整体。政治、经济、文化各按其自身的目标发挥功能是一个社会有效、健康运转的重要前提。大学作为人类文化和知识传承、创新的组织机构，一方面与这三个系统都发生着密切的联系，另一方面又是这三个系统中的一个有机部分。准确界定大学与文化的关系，是我们建设高水平大学的前提。

（一）大学章程要将大学归属于社会的文化系统

我国现代意义上的大学是在19世纪末，随着传统教育的衰落和现代新型高等教育的兴起而逐渐出现的。但是，由于历史上的种种原因和现实的社会需求，我国大学曾在较长时期内成为政治的附庸，由学术组织几乎完全演变为行政组织；而改革开放以来，在市场利益的驱动下，大学又从学术组织向经济组织靠拢。大学唯独没有定位于文化领域，大学一直作为一个附属物在两对矛盾的冲突中徘徊：一是大学的独立性与依附性的矛盾，其实际是官本位和学术本位的矛盾；二是大学的学术性与功利性的矛盾。这些矛盾的结果，一方面使得大学教育越来越演变为一种“人力教育”从而忽视了“人性教育”，忽视了人的道德精神状况和文化素质的提高；另一方面大学在社会适应中丧失了批判精神和个性特色，放弃了长远责任，丧失了按照最高价值目标和理想对社会现实文化进行分析，做出肯定、否定和前导性评价，引导社会文化向健康方向发展的能力，由此导致了文化创造能力的衰竭，大学那种指向社会未来发展的生机勃勃的“常为

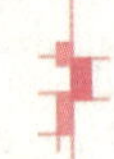

新”“常为上”的精神消失了。

在21世纪的今天，我们加强大学章程建设，推行依法治校，首先需要实现对大学的正确定位，从文化系统的角度来理解大学与社会的关系，让大学真正归属于社会。而让大学归属于社会，需要做到引领社会之先，又服务社会之需。

（二）大学章程应该确立“引领社会之先”的宏伟目标

古今中外，在任何社会中，大学都是思想最活跃、最有创造力、最有活力的社会机构，因为它有众多的知识精英和众多的富有创造力的优秀青年。自从大学出现以来，在社会思潮的发展中它始终走在前列。它是新思想的源泉、倡导者、推动者和交流中心。大学也是人类传统的传递者和维护者。传递传统，一是继承前人的文化知识经验；二是维护在人类长期历史发展中形成的基本价值观念，维护一种人文信念。后者与前者同样重要，甚至即使前者因为时间的流逝而失去了它们在现代的意义，后者却在任何时代也不会失去它的意义。社会在面临变革的时候，有时会太注意跟上变革的步伐而忽略了维持人类的基本价值观念和人文信念。如在当前我们面临的社会变革中，人们发现的“人文精神”的失落，这对一个社会的未来是有危险的，而大学最有条件担负起维持这些观念和信念的任务。

大学应是容纳思考和思想开放的地方，它的意义在于提供知识与思想，形成自由气氛，确认意义和价值，保护传统和唤起崇高理想。正是如此，北京大学章程里面这样定位北京大学：“北京大学是培养和造就高素质创造性人才的摇篮，认识世界、探求真理、解决人类面临的科学技术问题的前沿，知识创新、推动科学技术成果向现实生产力转化的重要力量”。

《北京大学章程》序言部分

北京大学创立于1898年维新变法之际，初名京师大学堂，是中国近现代第一所国立综合性大学，创办之初也是国家最高教育行政机关。1912年改为现名。1937年南迁至长沙，与清华大学和南开大学组成国立长沙临时大学，1938年迁至昆明，更名为国立西南联合大学。1946年复校返回北平。1952年经全国高校院系调整，成为以文理基础学科为主的综合性大学，并自北京城内沙滩等地迁至现址。2000年与原北京医科大学合并，组建为新的北

京大学。

北京大学是新文化运动的中心和“五四”运动的策源地，最早在中国传播马克思主义和科学、民主思想，是创建中国共产党的重要基地之一。长期以来，北京大学始终与祖国和人民共命运，与时代和社会同前进，是培养和造就高素质创造性人才的摇篮，认识世界、探求真理、解决人类面临的科学技术问题的前沿，知识创新、推动科学技术成果向现实生产力转化的重要力量，民族优秀文化与世界先进文明成果交流借鉴的桥梁。北京大学为中国革命、建设、改革事业做出了重要贡献，在中国走向现代化进程中，起到了先锋作用。

北京大学坚持社会主义办学方向，面向现代化、面向世界、面向未来，继承爱国、进步、民主、科学的光荣传统，弘扬勤奋、严谨、求实、创新的优良学风，秉承思想自由、兼容并包的学术精神，崇尚真理、追求卓越，走中国特色、北大风格的世界一流大学发展道路。

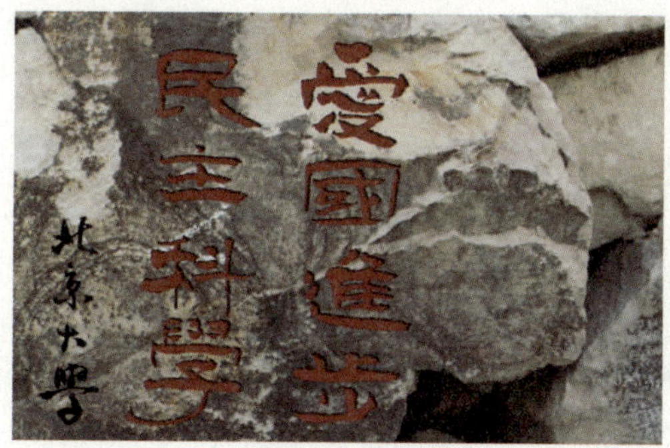

北京大学校训

（三）大学章程需要体现“服务社会”的担当精神

高等教育的发展历史一次又一次地证明了大学是在适应社会和服务社会的发展中焕发活力并拥有生机的。从19世纪德国柏林洪堡大学的产生到20世纪美国大学的多样性，以及对广泛社会生活的快速反应和最大适应无不说明了这一事实。当代大学对国家发展的重要作用是前所未有的，大学处于“知识产业”的中心，提供着越来越多的社会服务，越来越向社会各阶层开放。首先，大学必须通过其内在的特有的功能去实现为社会服务，通过发挥其教学和科研这一中心功能间接地为社会服务；其次，大学应满足社会的需要，从实际的需求出发，提出建议，进行创新，对现代社会的发展形成有益而积极的影响力量；最后，从大学的社会功能来看，大学必须与社会的政治、经济、文化发展相适应，但这种适应是全面的适应，是政治发展、经济发展与文化发展，社会发展与个人发展，物质文明建设与精神文明建设、制度文明建设，当前、近期发展与未来、长远发展，规模与结构、质量、效益的辩证统一。

“教学、科研和服务是大学的三大职能”已经成为社会的共识。其中的服务，显然是社会服务，包括清华大学在内的不少高校均设立了附属中学、附属小学和附属医院等附属机构，面向师生员工和社会提供服务，依照有关法律法规管理和运行。从另一层面上看，大学的教学科研实际上也最终为了服务社会。

从广义的社会意义来理解，大学存在于社会之中，归属于社会的文化系统。具体而言，从狭义的社会意义来理解，处理好大学与社会的关系，需要大学既确立“引领社会之先”的宏伟目标，又需要大学具有“服务社会”的担当精神。

声音

大学校长谈大学与社会的关系

陈群（华东师范大学校长）：现代大学与社会的关系，这个主题不仅仅局限于商业、企业、艺术、文化、政治、人口和技术，这是一个旧话题，但现今有其特别的重要性，尤其是对中国大学而言。目前，中国大学都面临着压力和深化改革的需求，以及如何在社会中重新定义自身位置的现状。

许宁生（前中山大学校长、现复旦大学校长）：大学作为社会不可或缺的一部分，是推动社会发展进步的关键力量。同时，大学的成长和发展也依赖于社会的支持，而社会的进步也会从不同方面对大学提出新的要求，对此大学应做出积极的响应。

李元元（吉林大学校长）：随着社会外部环境的急剧变化，大学与社会的关系日益紧密，互动更加频繁。对于不同的国家，大学的社会责任大体上

是相同的。在培养优秀人才，提升科技创新能力的同时，大学更要着眼于不断变化的社会需求，辐射人类文明进步的共同需要。

纵深阅读

1.潘懋元.多学科观点的高等教育研究[M].上海：上海教育出版社，2001.

2.王俊烽.中美高水平大学校长共论当代大学与社会的关系[J].世界教育信息，2014(6).

五、大学章程如何体现和维护大学的学术本质

学术是大学的本质与灵魂。我国在现代大学的建设中，由于行政思维、历史传统与功利主义价值取向等因素的影响，导致大学灵魂的迷失与学术本质的异化，因此，亟须通过构建现代大学制度来引导学术本质的回归。无疑，大学章程的建设是推进现代大学制度建设，促使学术本质回归的重要体现。

（一）学术性是大学的本质属性

大学是传播真理、探究高深知识和传承文明的殿堂，在历史的长河中，从古希腊学者柏拉图建立的柏拉图学园到中世纪大学的建立，再到现代大学制度的确立，学术一直是大学的灵魂与核心。在阿加德米学园，学生跟着老师一起探究学问，不畏强权，执着于对真理的追求。在宗教专制和人身依附制度普遍实行的时代，中世纪的大学取得了诸如大学内部自治、自由讲学、学位授予和罢教等权利，这为自由地探索高深学问、追求真理创造了良好的条件。19世纪初，柏林洪堡大学建立了现代大学制度，并确立了现代大学的根本原则和宗旨，其中第一条就是学术和教学自由。美国著名教育家弗莱克斯纳曾指出：“大学本质上是做学问的场所，它致力于知识的保存、系统化知识的增加和大学生的培养。”从大学的产生和发展过程来看，学术是大学的灵魂和本质属性，大学的一切活动应以学术为中心。

链接

柏拉图学园的建立

公元前399年，苏格拉底受审并被判死刑，柏拉图逃往梅加腊避难。后来他到各地游历，包括西西里岛、南意大利、埃及等地。公元前387年，柏拉图回到雅典。在朋友的帮助下，柏拉图在雅典西北郊外约两千米的地方购置了一片土地，办起了一所学校。学校坐落在美丽的克菲索河边，两岸林木茂密，婀娜多姿，学校的建筑和雕塑就掩映在一丛丛绿色林阴深处。为纪念当地一名叫阿卡德穆（Academus）的战斗英雄，学校命名为阿卡德穆学园，只是后人为了称呼的方便，习惯上仍称之为柏拉图学园。

哈佛大学校训：真理

哈佛大学

声音

赵德武（西南财经大学党委书记）：以“人才为本、学术为魂”为理念构建新型管理格局，保障师生基本权益。保证学生在使用教育教学设施、资源，获得学业和品行评价，获得奖学金及其他奖励、资助等方面受到平等公正对待。建立以学生为中心，体现公平公正和育人为本价值理念的学生管理制度，尊重和保护学生的人格尊严、基本权利。建立和完善教师聘任和管理制度，明确学校与教师的权利与义务，依法聘任教师，认真履行合同。在教师聘用、职务评聘、继续教育、奖惩考核等方面建立完善的制度规范，保障教师享有各项合法权益和待遇。充分尊重教师在教学、科研方面的专业权力。

落实教师职业道德规范，强化师德建设。健全保障师生的研究自由、学习自由和学术自由的体制机制，建立公平、公正的学术评价标准和程序。建立灵活的教学管理制度，鼓励、保护学生自主自由的学习，形成有利于创造性人才成长的制度环境。明确教师课堂教学的行为规则和基本要求，提高课堂教学的质量与效果。建立完善对违反学术规范、学术道德行为的认定程序和办法。

（二）大学章程如何体现和维护大学的学术本质

大学章程从根本上规定了大学的学术本质，规定了大学应以人才培养为根本，承担人才培养、科学研究、社会服务和文化传承等基本职能，进一步分离了高校的学术权力和行政权力，提出了学者治校、教授治学的治理模式等，而这些都是维护大学学术本质的重要方面。

从发展目标来看，大学担负着人才培养、科学研究、社会服务和文化传承等重任，这些都是大学学术的具体呈现方式。大学章程在总则中就明确规定大学的职能，为大学的发展明确了方向。大学是一个学术性组织，学术是大学的核心之所在，现代化大学必须秉持和弘扬学术至上的办学理念，并将其融入大学的日常运行和管理活动中去。

从权力划分来看，大学章程凸显了把大学的学术权力和行政权力划清界限、进一步分离的情怀。大学是一个学术共同体，同时也是一个服务综合体，学术权力和行政权力相分离是建设现代化大学、打造世界一流大学的发展趋势，同时也是必经之路，大学章程在权力划分方面秉承着学术和行政分离的理念，是符合高等教育发展规律的正确思路，是助力高校创新发展的重要导向，更是事关大学未来发展的根本方向。

从治理主体来看，大学章程推崇一种学者治校的新型治理模式。学术自由是“学者不受院校的控制与限制，进行科研、教学和出版的权利”。因此，仅有社会和政府提供外部自由空间还不足以使教师享有学术自由，要实现真正意义上的学术自由，还必须建立教授治校的内在制度，强调教授在学术事务中的主体地位和主导作用。学校的管理不同于一般行政管理，要遵照教学、科研规律来进行。治理主体由党务工作者转为学者和教授，这是一种契合历史发展潮流、益于高校健康发展的先进理念，是建设世界一流大学的关键。

链接

韩国教授治校——学术至上，回归大学本质

在韩国大学，学术至上的理念很牢固，所有机构都紧紧围绕学术而存在，教授通过学术影响力占据大学的核心地位。作为以人才培养、探究知识为主要任务的学术组织，韩国大学的管理有别于其他社会工作的管理，管理者从教师队伍里来，任期届满后再回到教师队伍中去，始终保持着学者的本色。由学者型管理人员主导下制定的各类管理制度，往往都能以学术为本，体现学者治校、教授治学的精神，从而更加有利于学术的发展。

韩国首尔大学

目前，很多韩国高校都设有教授会，主要履行咨询、评议、监督职能。在校长对与大学运营相关的重要事项做出决策之前，会召开教授会进行审议，并以综合结论的形式向校长提交决定意见。韩国教授会在教授治学等方面也发挥了重要作用。经过多年的运作，韩国大学内部形成了以校长为首的行政管理系统、以教授会为主的学术权力系统和以评议会为主的法定评议系统。学校有关学术重大事项都认真听取教授会、评议会的意见，最终由行政系统去执行。学术成为内部管理的核心，行政管理紧紧围绕学术管理来进行。直选校长的体制，决定了大学校长在实施行政管理中始终将学术事务作为学校的核心工作，通过简捷、高效的行政系统做好学术服务工作。

因为有教授会的有效监督，在重大事项的执行过程中，行政系统也会认真履行职责。这样，行政系统和教授会等学术组织都能各司其职，形成科学有效的体制机制，从而推动教学、学术研究的自觉、高效运行。

纵深阅读

钱甜甜，吴卓平.回归学术本质，构建合理的大学学术评价体系[J].上海教育评估研究，2015(3).

六、为何说章程制定的过程就是汇聚共识的过程

大学章程的制定过程是指制定大学章程遵循的步骤和方法，具体包括大学章程议案的提出、大学章程议案的审议、大学章程议案的表决和通过、大学章程的颁布等。大学办学不仅涉及自身内部的方方面面，还涉及与外界政府、社会各方面的关系。大学章程在明确表达大学使命和大学内部治理结构的同时，也规定了大学不同利益相关者的权利主体地位，因此，其制定过程始终坚持各利益主体的广泛参与，充分听取校内外的意见和建议。

声音

王大泉（教育部法制办副主任）：大学章程是学校推进依法治校、建设现代大学制度的标志，通过章程建设这一过程，能够促进高校认真研究内部治理结构和治理依据，理清和思考学校内外部的各种关系，落实办学自主权，推动形成新型高等教育管理体制。随着部属高校大学章程的核准，大学章程已经成为新一轮高校改革的核心词，章程建设在一定程度上起到了完善民主协商机制、凝聚共识和改革大学内部治理机构的作用。

北京大学举办“大学法治与大学章程制定”学术研讨会

根据《高等学校章程制定暂行办法》，高等学校起草章程，应当广泛听取政府有关部门、学校内部组织、师生员工的意见，充分反映学校举办者、管理者以及教职工、学生的要求和意愿；涉及关系到学校发展定位、办学方向、培养目标、管理体制以及教职工、学生切身利益相关的重大问题，应当采取多种方式在校内公开征求意见、充分论证；凡涉及举办者权利的内容，高等学校应当与举办者、主管教育行政部门及其他相关部门充分沟通、协商。

从现实的情况看，制定大学章程的过程，是一个广泛听取政府有关部门、学校内部组织、师生员工意见的过程；是学校举办者、管理者、办学者，以及教职员工、学生充分表达建议与意愿的过程；是统一思想、凝聚共识、促进管理、增进和谐的过程。比如，上海交通大学在章程修订过程中，特别强调全校师生的广泛参与，多次向教师、行政人员、中层干部征询修订意见与建议，数易其稿。通过学校教代会讨论，征得了教职工代表对章程修订稿的66条反馈意见和建议，学校在进一步研究的基础上，采纳了其中的31条，采纳率为47%，并将采纳情况向教代会提案巡视组一一回应，使得学校章程在全校范围内有较高的认知度和认可度。然而收集各利益主体意见，汇聚共识并不总是一帆风顺的，北京大学早在2006年就由教代会启动了章程制定工作，中途却频频“难产”，历时8年时间才得以完成。中山大学也是从2006年就开始了《中山大学章程》的起草筹备，到最终核准时已六易其稿。

章程的制定过程就是政府部门、社会以及大学全体成员充分参与、充分磋商、充分酝酿和充分宣传的过程，章程的最终条款是各方利益主体在充分表达意见后相互协商取得的治校共识，章程的形成凝聚了广泛的利益要求，既具有合理性又具有合法性，所以大学章程一旦出台，就需要大学教育中的主体与客体予以尊重和遵守，切实保障章程的顺利实施。

微评

现代大学制度要求大学完成“依法办学、自主管理、民主监督、社会参与”的运转模式的转变，强调大学的自主性，消除行政因素的干扰，章程的制定就必须有广大群众参与，否则就还是行政主导一切，本末倒置。

声音

南开新闻网：解读《南开大学章程》
——专访《南开大学章程》制定工作组

近日，学校收悉《中华人民共和国教育部高等学校章程核准书》（第 27 号）。核准书载明，《南开大学章程》（以下简称《章程》）自 2014 年 9 月 3 日正式核准、生效。为了使广大师生更好地了解《章程》制定的背景、起草过程、主要内容和特点，记者日前专访了《章程》制定工作组，请他们对《章程》进行了相关解读。

记者：《章程》是在什么样的背景下启动制定的？

工作组：我校对现代大学制度建设和学校章程制定高度重视。2011 年在学校第八次党代会报告和“十二五”规划中都明确提出，“慎重研究制定《南开大学章程》”。学校认真学习贯彻中央和教育部有关文件精神，把章程制定作为凝聚发展共识、增强价值认同的过程，作为推进综合改革、促进内涵式发展的过程，作为完善治理结构、提升办学水平的过程。

记者：《章程》制定经历了哪几个阶段？

工作组：《章程》制定工作是在学校党委的统一领导下进行的。章程制定工作启动后，大体经历了四个阶段。第一阶段学习调研；第二阶段起草文本；第三阶段征求意见，从 2014 年 2 月至 4 月，主要是修改完善文本、广泛征询意见，数易其稿，于 3 月初形成了面向全校师生和广大校友的章程征求意见稿及释义，在深入讨论、认真吸纳各方意见进行修改的基础上，经党委审定，于 4 月初形成提交教代会讨论的章程草案；第四阶段审议审定。

记者：《章程》制定工作遵循了哪些原则？

工作组：在推进章程制定工作的过程中，学校始终坚持三条原则。一是坚持依法办学，贯彻国家教育方针。二是坚持群众路线，充分发动师生参与。提出要以各种方式调动师生员工参与章程制定的积极性、主动性，广泛听取上级有关部门、学校内部组织、广大师生群众的意见和建议，充分反映学校举办者、管理者、办学者以及教职员工、学生的要求与意愿。在征求意见阶段，累计召开校级层面座谈会 14 场，学院、部处层面及不同专题的座谈会 70 余场，直接参与的师生和校友近 2000 人次，提出各类修改意见和建议 1600 余条。同时要深化党务公开、校务公开，深化“阳光治校”，加强民主管理，落实民主监督，强化各层面沟通交流，使章程制定过程和章程本身成为汇聚众智、激发活力、促进和谐的载体。三是坚持实事求是，从南开实际出发。

记者：《章程》的主要特点是什么？

工作组：《章程》的主要特点集中体现在以下四个方面：一是突出坚持党委领导下的校长负责制；二是注重学术治理体系规范化；三是着力强化民主参与和民主监督；四是努力彰显立本开新的南开特色。《章程》对教师和学生主体地位给予了充分尊重，通过“教职工”“学生”两个专章明确教师和学生分别作为“办学的主体”和“教育的主体”的权利义务，以及学校对教师、学生进行管理的有关原则与规定，规范了教师、学生权利保护和救济制度，回应了广大师生关切的权利诉求。强调学校应认真听取师生员工的意见和建议，为民主管理机构的规范运行和开展工作提供保障。

微评

由此可见南开大学章程的制定过程，切实践行了群众路线，充分发扬了民主参与，真正把章程制定作为凝聚发展共识、增强价值认同的过程。

七、大学章程如何反映和保障学校的改革发展

大学章程作为高校组织运行的依据和准则，是建立在广泛的共识基础上的，章程的形成过程中就汇聚了各方对于学校发展的期许，章程的内容宣示了大学的办学理念、办学宗旨及前进方向，实际上是大学改革要求和发展方向的集中体现，而章程的实施和遵守是学校改革顺利进行继而稳步发展的有力保障。

（一）大学章程的制定是学校改革、发展的时代要求

当今时代，发展是时代主流，中国大学的建设和发展目标就是要成为世界一

流大学，这一目标的达成需要继续深化改革，改革大学管理体制中与大学办学理念、办学宗旨不相适应的方面，建立和完善中国特色社会主义现代大学制度，而制定大学章程是构建中国特色社会主义现代大学制度的必然要求。中国大学需要通过大学章程的制定和实施来推进现代学校制度中政校分开、管办分离的目标的实现，进一步落实和扩大学校办学自主权，实施“依法办学、自主管理、民主监督、社会参与”的现代大学运行机制。

（二）大学章程的内容是学校改革、发展目标的体现

大学章程的形成过程实际上是改革理想与发展要求的汇聚过程，大学章程也是一份改革、发展宣言书。大学章程是大学办学理念、办学宗旨的集中体现，反映了大学精神，规定了治学精神和育人目的。大学章程规定了大学的育人目的，也就要求大学中的教育产品提供者给予教育客体科学、规范、高质量的教育产品，为达到育人目的而不断改革、发展。

（三）大学章程的实施是学校改革、发展的制度保障

大学章程规定了大学机构内部的权力分配结构和整个组织的运行模式，为大学的正常运转提供了制度保障。任何权力的行使、结构的调整、运行模式的修正，都要以大学章程为基本依据；学校的改革、发展也必须在章程允许的范围内并以章程内容为基本指导思想，总之，大学章程的实施为学校改革的顺利进行、不断向前发展提供了制度性保障。

十八届三中全会提出要进一步深化改革，教育事业改革也进入了深水区，要求推进现代学校制度的确立，而大学章程就是构建现代大学制度的产物，大学章程本身就是大学改革、发展的产物，集中反映了学校、社会、政府对于学校的改革要求。大学章程依法对学校管理体制做了全面规定，进一步明确了学校管理的基本架构，促进了学校法人治理结构的完善；规定了学校内部学术权力的组织框架和运行机制，进一步明确了学校办学自主权的运行与监督机制，为改革事业顺利进行和发展目标的有序达成提供了法律依据和制度性保障。

链接

《中国青年报》：将改革探索融入大学章程（节选）

2013年11月28日，教育部政策法规司司长孙霄兵宣布，教育部不久前核准了中国人民大学、东南大学、东华大学、上海外国语大学、武汉理工大学和华中师范大学6所高校的大学章程。他指出，章程是大学治理理念、制度的集中体现，是高校管理的基本准则，也是学校明确办学方向、突现办学特色的重要保障。著名法学家、中国人民大学党委副书记兼副校长王利明解释，章程是学校的“根本大法”，其他规章制度、办学活动都不得与之违背。事实上，这6所高校对大学章程的探索和实践早在若干年前就开始了。

学术至上，学者为大

华中师范大学新核准的《大学章程》第二章“学校基本制度”的第十五条明确写道：学校实行教授治学，保障学术自由和学术民主，促进学术发展。对华中师范大学的领导和教师而言，这不是一句空话，而是学校历经几年改革实践得以证明非坚持不可的一项重要的基本制度。

“我是校长，干脆我辞去学术委员会主任，请资深的学术权威、纯粹的学者来担任，使学术委员会真正做到学术化、学者化。”2010年秋季开学后不久，时任华中师范大学校长的马敏这样宣布5名校领导退出校学术委员会的原因。新一届学术委员会主任不再是马敏校长，而是我国著名语言学家邢福义先生。

这个想法由来已久。曾经在美国耶鲁大学、普林斯顿大学，英国牛津大学做过较长时间访问学者的马敏校长，不仅是个认真的学习者，还是个认真的观察者。他发现，这些世界一流大学的管理之道关键在于教授治校。学校的各种事务，都由教授学者参与决定。目前，中国大学最主要的问题是行政权力过大，要通过改革让行政权力逐渐淡化，在某些领域甚至应该让位于学术权力。就这样，华中师范大学以改革学术委员会为突破口走出第一步，以此尝试将行政权力与学术权力做适当分离。

教授委员会不是摆设

随着高等教育跨越式发展和行政主导下的撤校合并，我国“巨无霸”的大学日益增多，学校实行二级管理体制的情况非常普遍。在这样的情况下，学院层面的学者参与管理和监督的作用如何体现呢？武汉理工大学早在几年前便主动进行了探索。

学校在各教学科研二级单位建立了教授委员会，教授委员会由全体教授组成，行使学科建设、专业设置、教师评聘、学术评价、教学指导等事项的评议职能，保障教授在学术管理中的主导作用。不仅如此，他们还设置了相应的监督体系。这些教授委员会可不是摆设。学院的人才引进、队伍建设、职称评审等涉及学院发展的关键问题，全都要由教授委员会审议把关，他们的意见会起决定性作用。

引导教职工通过教代会反映自己的呼声和诉求，努力解决好涉及职工切身利益的问题，也是武汉理工大学尝试加强内部管理和监督的做法之一。在中国任何单位，奖金分配都是一个极为敏感的话题，由此生出重重矛盾。武汉理工大学理学院从 2004 年首届教代会开始，便明确将年终奖金发放办法作为一个重要的议题进行讨论审议通过。经过这一规范的程序，妥善化解了领导与职工、教师与教辅人员、学科与学科、科研与教学之间各种矛盾，其做法得到广大教职工的认可。

现在这一做法已经制度化。不仅如此，理学院教代会的代表每年还要听取并审议“院长工作报告”，报告中包括学院年度工作总结、改革发展计划和年度经费使用情况报告，最大限度让代表们了解讨论决定学院涉及职工切身利益的重大问题，充分尊重他们的知情权。

回归大学本位：以人为本

放眼今年各校的校庆活动，似乎同一时间都变换了一种风格，强调要做学术的校庆、校友的校庆、简朴的校庆。开风气之先的当属中国人民大学。

在中国人民大学众多校友的记忆中，母校 2012 年举办的 75 周年校庆特别温暖。这年 9 月，母校通过不同媒体向海内外学子发出了亲切的呼唤：“中国人民大学 75 周年校庆，等你回家！”校庆日当天，学校没有举办以少数领导和嘉宾为主体、部分师生和校友参加的传统庆典大会，而是按照“以校友为中心、以学生为中心、以学术为中心”的理念，安排了丰富多彩的由广大师生、校友共同组织、共同参与的活动。不以级别高低排座次、不以财富多少论成功，尊重每一个校友，关爱每一个学子，突出教师和校友对于一所大学的重要意义，使学生从校友的身上感受到中国人民大学精神的召唤。校长陈雨露说：“这是一个理念的变化，是想让校庆充分体现学生和学术是大学的原点，育人是大学的本质，我们在倡导一个回归大学本位的校庆”。而且这种回归以“立法”的形式融入各个大学章程的具体条款中。

在改革开放环境下成长发展起来的中国大学，今天已经不能置身于国际化的潮流之外。制定大学章程，重新认识自身的定位和职责，是建立现代大学制度迈出的重要一步，更多的高校、更多的学子都将从中受益。

（参见谢湘：《将改革探索融入大学章程》，2013 年 12 月 2 日，《中国青年报》。）

微评

改革是我们社会主义社会前进的动力，是紧扣时代需求和国情变化的基本出路。在当今科技迅猛发展、信息和知识爆炸的时代，大学唯有通过深化改革，才能培养出适应时代发展需要的人才，不愧大学的基本使命。

纵深阅读

蔡莉.大学章程建设的十年探索[N].中国教育报，2015-05-25(12).

第三章

师生权益的重要保障

——怎样理解大学章程与师生利益的关系

一、大学章程如何体现对师生权益的维护

教师和学生是大学组织的基本成员和大学发展的主体力量。明确和保障师生正当权益是大学章程的应有之义。《高等学校章程制定暂行办法》(以下简称《办法》）第十一条和第十五条规定：大学章程应当“明确尊重和保障教师、学生在教学、研究和学习方面依法享有的学术自由、探索自由”；“体现以人为本的办学理念，健全教师、学生权益的救济机制，突出对教师、学生权益、地位的确认与保护，明确其权利义务；明确学校受理教师、学生申诉的机构与程序”。

那么，高校师生在大学校园里各自享有哪些正当权益呢?

我们先来看高等学校的教师享有的权利。高校教师是大学教育的组织者和实施者，又是科学研究、智力服务和文化传承的主要社会群体。依据《中华人民共和国高等教育法》，国家依法保障教师在高等学校中从事科学研究、文学艺术创作和其他文化活动的自由。《中华人民共和国教师法》第七条具体规定教师享有下列权利：“(一）进行教育教学活动，开展教育教学改革和实验；（二）从事科学研究、学术交流，参加专业的学术团体，在学术活动中充分发表意见；(三）指导学生的学习和发展，评定学生的品行和学业成绩；（四）按照获取工资报酬，享受国家规定的福利待遇以及寒暑假期的带薪休假；（五）对学校教育教学、管理工作和教育行政部门的工作提出意见和建议，通过教职工代表大会或者其他形式，参与学校的民主管理；（六）参加进修或者其他方式的培训。”

我们再来看高等学校的学生在学校读书期间享有的权利。大学生是高等学校进行人才培养的对象，又是高等学校依法治校、民主管理的参与者。《中华人民共和国教育法》第四十二条和《普通高等学校学生管理规定》第五条规定了学生在校期间享有下列权利：①参加学校教育教学计划安排的各项活动，使用学校提供的教育教学资料；②参加社会服务、勤工助学，在校内组织、参加学生团体及文娱体育等活动；③按照国家和学校有关规定，申请和获得奖学金、助学金与助学贷款；④在思想品德、学业成绩等方面获得公正评价，完成学校规定学业后获

得相应的学历证书、学位证书；⑤对学校给予的处分或者处理有异议，向学校、教育行政部门提出申诉；对学校、教职员工侵犯其人身权、财产权等合法权益，提出申诉或者依法提起诉讼；⑥法律、法规规定的其他权利。

大学章程的主要功能之一，是对学校内部的利益相关者的权利与义务进行调整和规范，在确认和补充国家法律法规所规定的师生权利的基础上，明确规定师生权益及其保障机制。高校师生的多重角色与权利，决定了其正当权益需要得到多方面的维护和保障。作为高校师生的权益保障书，大学章程具体在以下方面体现对师生权益的维护：

（一）大学章程的制定过程反映师生的权益诉求

《高等学校章程制定暂行办法》第三章《章程制定程序》中规定，高等学校应当按照民主、公开的原则，专门成立由学校党政领导、学术组织负责人和教师代表、学生代表等参加的起草组织，充分反映包括教职员工和学生在内的各方要求与意愿，使章程起草成为学校凝聚共识、促进管理、增加和谐的过程。教育部2012年发布的《全面推进依法治校实施纲要》在"加强章程建设"的条目中也提出："学校制定章程或者关系师生权益的重要规章制度，要遵循民主、公开的程序，广泛征求校内外利益相关方的意见，重大问题要采取听证方式听取意见，并以适当方式反馈意见采纳情况，保证师生的意见得到充分表达，合理诉求和合法利益得到充分体现"。

各个高校在制定大学章程的过程中，都采取各种方式听取师生意见，反映师生权益诉求。如清华大学制订章程草案后，先后在不同范围召开9场草案征求意见座谈会，广泛征求师生员工意见，校学术委员会委员、教代会代表以及骨干教师、学生和职工代表等分别参加座谈，就章程草案共提出200余条意见和建议。南京大学制定章程，经调研起草、论证完善、征求意见、校内审定四个阶段，充分保障了全校师生员工与广大校友的共同参与，积极汇聚了集体智慧和共识。华中师范大学为了进一步提高学校章程编制的透明度和民主参与度，凝聚全校师生和广大校友的智慧，曾经发布公告，面向全校师生、广大校友广泛征求对学校章

程编制的意见和建议。

（二）大学章程规定了师生享有的各项权利

大学章程一般以“权利清单”的方式，详细列举了师生享有的各项权利，以此维护师生正当权益。如《北京大学章程》在第十七条列举教职工享有的权利包括：①按规定使用学校的公共资源；②公平获得自身发展所需的机会和条件；③在品德、能力和业绩等方面获得公正评价；④公平获得各种奖励及荣誉称号；⑤对学校工作的知情权、参与权、监督权；⑥就职务聘用、福利待遇、评优评奖、纪律处分等事项表达异议和提出申诉；⑦依照法律、法规、规章、学校规定和合同约定，获得薪酬及其他福利待遇；⑧法律、法规、规章与合同约定的其他权利。在第二十一条列举学生享有的权利包括：①参加教育教学活动，使用学校提供的公共资源；②在思想品德、综合素质、学业成绩等方面获得公正评价，完成学校规定学业后获得相应的学历证书、学位证书；③公平获得在国内外学习深造和参加学术交流活动的机会；④在校内组织、参加学生社团，发展自己的兴趣、爱好和特长；⑤组织和参加社会服务、勤工助学及创新、创意、创业和文娱体育等活动；⑥公平获得奖学金、助学金及助学贷款，享有规定的福利待遇；⑦对学校工作的知情权、参与权、监督权；⑧对学校给予的处理或者处分有异议，向学校或者教育行政部门提出申诉，对学校、教职工侵犯其人身权、财产权等合法权益，提出申诉或者依法提起诉讼；⑨法律、法规、规章规定的其他权利。

《华中师范大学章程》在第五十条和第六十条分别规定学生和教师除享有宪法、法律、法规及规章规定的权利外，还各自享有九条权利。《东南大学章程》注重凸显教职工和学生的发展权、知情权、批评建议权等实体性权利，明确他们的申辩权、申诉权以及权利救济等程序性权利，在章程的结构设计上，将教职工和学生的责权利规定置于学校组织机构之前，凸显学校办学以师生为本的理念。《江西师范大学章程》第九条规定学校依法履行“维护与保障教职工和学生的合法权益”的义务，并将学生的条款前置为第三章，突出了以生为本的办学理念。

（三）大学章程明确了师生享受权益的制度保障

大学章程列举了师生享有的“权利清单”后，一般都规定学校应该建立健全师生的权益保护制度或机制。《北京大学章程》明确规定要健全教职工权益保护机制和完善学生权益保障机制；《南开大学章程》规定学校建立健全学生权利保护机制，设立学生申诉处理委员会，依法依规受理学生申诉，维护学生合法权益。《华中师范大学章程》规定学校依法建立学生权益保护机制和教职员工权益保护机制；《东南大学章程》规定学校依法建立听证、申诉等权利保护机制，保障师生的合法权益；《江西师范大学章程》规定学校建立重大事项会议列席、听证、座谈和新闻发布制度，鼓励和支持学生参加学校的民主管理，并建立学生权利保护和资助机制，维护学生合法权益。

（四）大学章程构建了师生权益的救济渠道

大学章程在涉及师生的专门条款中，一般都明确规定师生有获得权益救济的权利和渠道。《中国人民大学章程》规定：学生有权“对学校给予的处分或者处理进行陈述、申辩，向学校或者教育行政主管部门提出申诉；对学校、教职员工侵犯其人身、财产等合法权益的行为，依法申请复议或提起诉讼”，教职员工有权“就职务聘用、福利待遇、评优评奖、纪律处分等事项表达异议和提出申诉；对学校侵犯其人身、财产等合法权益的行为，依法申请复议或提起诉讼”。《北京师范大学章程》规定师生对于学校给予的处理或处分，均有向学校或者教育行政主管部门表达异议和提起申诉的权利。学校还设立学生申诉处理、劳动人事争议调解等专门委员会，协调、处理和维护师生合法权益。《华中师范大学章程》规定：学生有权“对纪律处分和涉及自身利益的相关决定表达异议和提出申诉”，教职员工有权“就职务、福利待遇、社会保障、评优评奖、纪律处分等事项表达异议和提出申诉”。《江西师范大学章程》对于学生，规定“建立学生权利保护和资助机制，维护学生合法权益规定”；对于教职工，规定其有权“就职务晋升、福利待遇、评优评奖、纪律处分等事项表达异议和提出申诉，并按学校申诉制度得到合理申诉处理”。

声音

大学章程中师生权利的规定性

明确师生权益是大学章程的主要功能之一。虽然世界各国由于国家法制、文化传统、高等教育体制、大学性质等方面的不同，大学章程文本形态差异很大，但是大学章程对教师和学生权利进行规范则是普遍的，师生权利是大学章程内容的基本组成部分。

师生核心权利的表达，是大学章程的灵魂所寄。大学章程对师生权利的规定性，源自于大学的本质属性和基本价值观。大学是研究高深学问之所，学术自由是实现其功能的根本要求，也是教师和学生权利的核心。19 世纪初，德国教育之父洪堡提出“高等学术机构是学术机构的顶峰”，“其全体成员必须服膺于纯科学的观念。因此，在这一圈子中，孤独和自由便成为支配性原则”。此后，学术自由理念向世界各国传播，成为大学的基本理念，也成为大学章程中的灵魂价值观。

尊重师生的主体性是大学章程的要义所在。现代大学是多元利益主体的集合，然而无论利益主体变得如何多元，教师和学生都是大学最主要且最重要的主体。当下强调建设现代大学制度，强调“去行政化”，从某种角度看，要解决的就是教师、学生主体地位不彰的问题。正是因为在现实的中国大学校园中，师生享有的特殊权利并不总能得到实现，所以才有必要通过大学章程的制定，将它们确定下来。这些师生权利当中，民主管理参与权是最为重要的权利之一。

（摘自熊庆年，吴云香.大学章程中师生权利的规定性 [J] .复旦教育论坛，2013(2).）

二、如何利用大学章程维护自身权益

高校师生如何利用大学章程维护自身权益呢?

(一)学习“大学宪章”关于师生权益保护的相关规定,是利用大学章程维护自身权益的前提

大学章程既是高等学校加强民主管理、完善治理结构的规范性文件,又是高校师生参加学校治理、享有应有权利的权益保障书。高校师生利用大学章程维护自身权益的前提是认真学习和充分理解“大学宪章”赋予自己的正当权益,以及实现自身权益的保障制度。大学章程具体规定了师生应当享有的权利和义务。就教师而言,一般享有自由从事学术活动并对学生进行教育的权利、参与学术事务和学校民主管理的权利、获得应得待遇和社会保障的权利、谋求个人职业发展的权利、保护自身权益不受侵害的救济性权利等。就学生而言,一般享有平等接受教育和自由学习的权利、获得公正评价和奖励荣誉的权利、组织或参加学生社团的权利、参与学校民主管理的权利、保护自身权益不受侵害的救济性权利等。大学章程还规定了高校师生实现自身权益的保障制度,例如涉及师生切身权益的重大事项,需要经过教职工代表大会、学生代表大会等形式讨论或审议,并采取适当形式公示;教师和学生如果认为教育行政机关或学校有关行为侵害其合法权利时,可以通过正当渠道申诉等。

大学章程的制定、核准、实施和监督,是一个汲取集体智慧、听取各方意见并广为宣传的过程。一些高校还规定,大学章程应当发到每个教职员工和学生的手中,便于大家对章程内容的学习。教师和学生可以在此过程中,详细了解大学章程关于师生权益的规定,提高权益保护意识,增强权利保障能力,积极参与本校推进依法治校、民主管理的建设活动。

(二)按照“大学宪章”赋予的权利积极参与学校事务和公共活动,是利用大学章程维护自身权益的基础

在师生权益中,有些是无须努力即可享有的基本权利,例如人格尊严、学术或学习自由等;有些是需要付出努力、符合条件或程序才能享有的权益,例如获得荣誉、奖励以及民主管理、职业发展的权利等。教师和学生如果想全面地实现在大学里的正当权益,就需要按照“大学宪章”赋予的权利,利用自己享有的知情权、参与权、表达权和监督权,积极参与学校事务和公共活动,充分行使自己作为大学成员的各项权利。

高校师生参加学校事务和公共活动的范围主要包括：参加学校举办或认可的各种竞赛、奖励以及教学、科研与社会服务活动，实现自己获得荣誉、奖励或经济补助的权利；组织、参加学术团体或学生社团，实现自己自由从事学术研究或创新创业活动的权利；参加学校对涉及师生权益的重要事项举行的公示、听证等活动，实现自己对学校事务的知情权、表达权和监督权等权利；通过适当渠道对学校教育教学、科学研究和行政管理等方面的工作提出意见和建议，实现自己参与学校民主管理的权利；参加学校举办或认可的职业培训活动，实现自己提升职业发展能力的权利，等等。

（三）参加大学内部的师生代表性组织、学术组织或学生团体，是利用大学章程维护自身权益的桥梁

高校师生可以利用大学内部的师生代表性组织、学术组织或学生团体，维护自身权益。《高等学校章程制定暂行办法》第十二条规定：“章程应当明确规定教职工代表大会、学生代表大会的地位作用、职责权限、组成与负责人产生规则，以及议事程序等，维护师生员工通过教职工代表大会、学生代表大会参与学校相关事项的民主决策、实施监督的权利。”

大学内部的教职工代表大会和学术组织，是代表高校教师行使权利的重要载体。其中，教职工代表大会是教职工依法参与学校民主管理和监督的基本形式，学术委员会、教授委员会是代表教师行使学术权利的主要组织。《中华人民共和国高等教育法》第四十二条、第四十三条分别规定：“高等学校设立学术委员会，审议学科、专业的设置，教学、科学研究计划方案，评定教学、科学研究成果等有关学术事项。”“高等学校通过以教师为主体的教职工代表大会等组织形式，依法保障教职工参与民主管理和监督，维护教职工合法权益。”大学章程中明确规定了教职工代表大会、学术委员会、教授委员会的职责和权利，教师可以积极参加或监督这些组织代表教师行使权利的活动，维护自身的正当权益。

国家允许学生通过合法的组织形式参与学校的民主管理，保障自己的合法权利。教育部 2005 年发布的《普通高等学校学生管理规定》第四十一条规定：“学校应当建立和完善学生参与民主管理的组织形式，支持和保障学生依法参与学校民主管理。”大学生行使自身权利的组织形式，主要包括两种：一种是学校授权学生参加并享有某种权利的代表性组织，如北京大学等高校的章程规定学生有权参加校务委员会和学校事务的民主管理；另一种是学校同意或认可学生组织

的学生团体，包括学生代表大会和专门的大学生权益保护组织等，如大学生权益维护协会等。

大学章程列有专门的章节，陈述教职工代表大会、学生代表大会以及学术委员会、教授委员会等学术组织所享有的权利及其权利行使方式。

《华中师范大学章程》规定教职工代表大会的主要职责有：①听取学校章程草案的制定和修订情况报告，提出修改意见和建议；②听取学校发展规划、教职工队伍建设、教育教学改革、校园建设以及其他重大改革和重大问题解决方案的报告，提出意见和建议；③听取学校年度工作、财务工作、工会工作报告以及其他专项工作报告，提出意见和建议；④讨论通过学校提出的与教职工利益直接相关的福利、校内分配实施方案以及相应的教职工聘任、考核、奖惩办法；⑤审议学校上一届（次）教职工代表大会提案的办理情况报告；⑥按照有关工作规定和安排评议学校领导干部；⑦通过多种方式对学校工作提出意见和建议，监督学校章程、规章制度和决策的落实，提出整改意见和建议；⑧讨论法律、法规、规章规定的以及学校与学校工会商定的其他事项。

作为全体在校学生行使民主权利和参与学校民主管理的基本形式，《华中师范大学章程》规定学生代表大会行使的职权有：①审议学生代表大会章程及修改草案；②审议上一届学生代表大会委员会工作报告；③讨论学校与学生权利有关的重大改革方案和重要规章制度；④收集和反映学生代表对学校工作提出的建议和意见；⑤讨论和决定应当由学生代表大会决议的其他重大事项。

学术委员会作为学校最高学术机构，统筹行使对学校学术事务的咨询、评定、审议和决策权，《华中师范大学章程》规定其职权范围具体包括：①学科、专业建设规划，自主设置或者申请设置的学科专业；②学术机构设置方案；③科学研究规划及年度计划方案；④教学科研成果、人才培养质量评价标准及考核办法；⑤学位授予标准及规则，学历及非学历教育的标准、教育教学方案以及发展政策；⑥学校教师职务聘任标准、政策和办法；⑦学术评价、争议处理规则，学术道德规范；⑧重大学术交流活动、对外学术交流合作规划；⑨学术委员会专门委员会组织规程，学院（中心）学术委员会章程；⑩学校章程或者学术委员会章程规定的其他事务。

（四）掌握师生权益救济的渠道和途径，是利用大学章程保障自身权益

高校师生获得权益救济的渠道，主要有师生申诉、学校或教育行政部门复议、依法提起诉讼等。《中华人民共和国教育法》《中华人民共和国教师法》《普通高等学校学生管理规定》等法律规章，明确规定了高校师生如果遭受权益侵害，有权获得权益救济。如我国《教育法》第四十二条规定，受教育者有权“对学校给予的处分不服向有关部门提出申诉，对学校、教师侵犯其人身权、财产权等合法权益，提出申诉或者依法提起诉讼”。我国《教师法》第三十九规定：“教师对学校或者其他教育机构侵犯其合法权益的，或者对学校或者其他教育机构做出的处理不服的，可以向教育行政部门提出申诉，教育行政部门应当在接到申诉的三十日内，做出处理。”

大学章程应当确认国家法律法规赋予高校师生在权益救济方面享有的权利，并详细规定其保障机制。《高等学校章程制定暂行办法》第十五条规定：“章程应当体现以人为本的办学理念，健全教师、学生权益的救济机制，突出对教师、学生权益、地位的确认与保护，明确其权利义务；明确学校受理教师、学生申诉的机构与程序。”在《中华人民共和国教育法》《中华人民共和国教师法》《普通高等学校学生管理规定》和《高等学校章程制定暂行办法》等法律规章的指导下，现经教育行政部门已经核准的大学章程，如《北京大学章程》《中国人民大学章程》《华中师范大学章程》等，都对师生权益救济的渠道和途径，做了明确规定。

高校学生保护自身合法权益的申诉程序

一些高等学校依据《中华人民共和国教育法》《普通高等学校学生管理规定》等法律规章对于保护受教育者合法权益的规定，制定了相应的《学生申诉办法》，成立学生申诉处理委员会，受理学生对处分行为的申诉。学生对处分不服要先向学校成立的学生申诉处理委员会申诉，对申诉处理决定不服，再向教育行政机关申诉，对教育行政机关申诉处理决定不服，才可以向人民法院起诉。实际操作过程形成了两次申诉前置程序。

上述高校对申诉前置程序的规定，实际上是对《中华人民共和国教育法》和《普通高等学校学生管理规定》相关条文的误读。学生对学校处分不服，既可以选择先向学校或教育行政机关申诉，然后再向法院起诉，也可以直接向法院提起行政诉讼。将申诉作为提起行政诉讼的前置程序，使学生权

益救济程序过于烦琐，不利于对学生合法权益的及时保护。但需要注意的是，学生对于学校做出的其他不直接影响其受教育权的处分不服的，只能选择向学校或教育行政机关申诉，不能提起行政诉讼。

（摘自湛中乐.教育行政诉讼理论与实务研究[M].北京：中国法制出版社，2013:77-78.）

案例：宿舍被学校非法搜查怎么办？

2007年5月31日，某高校开展每年一次的例行安全大检查，主要针对男生是否在宿舍私藏凶器等非法物品。数学系二年级21间男生宿舍，168名男生，宿舍门全部打开，男生全部站在门外，被老师点到名的就进去打开自己的衣柜，让老师查看是否藏有管制刀具、危险物品。“老师，我不想打开我的柜子，这是私人物品，你们无权查看！”一位男生发出了反抗声，并始终不让老师检查自己的衣柜，他觉得老师正在侵犯他的隐私权。相持不下，老师只好请来警察协助检查。而在过去的两年里，这样的情况从未出现过。

对此，男生纷纷表示自己的隐私权受到侵犯，很不愿意配合。面对学生的怨言，校方解释说：“该高校在郊区，治安比较复杂，校内外的斗殴事件时有发生，因此，男生也就时有带刀进校的情况。”出于安全着想，才出此下策。

（摘自易琪.学生权益保护案例[M].太原：山西教育出版社，2010:208.）

微评

我国《宪法》规定，公民的人身自由不受侵犯，禁止非法搜查公民的身体。我国《刑事诉讼法》也规定，搜查权属于刑事侦查权的一种，侦查权只能由公安、检察、国家安全机关行使，其他任何机关、团体和个人，不管出于什么目的，都无权对他人进行人身搜查。学校对于学生在校期间的人身安全和私有财产，一方面负有保护的义务，另一方面又不得以此为理由，非法侵犯学生的人身自由或隐私。学生在合法权益遭受侵犯时，可以按照学校章程规定的权益救济渠道，向学校或教育行政部门提出申诉，如果仍未得到解决，有权依法提起诉讼。

三、大学章程如何体现民主管理

“一校一章程”是国家教育部促进高校民主管理、建设现代大学制度的重要举措。《高等学校章程制定暂行办法》规定：大学章程内容应当包括学校的民主管理和监督机制。大学章程在以下方面体现高校民主管理、依法治校的新进展。

（一）规范权力关系，促进民主决策

规范权力关系是促进民主决策的前提条件。高校涉及的权力关系，包括国家行政权与高校办学自主权的关系，党委领导权与校长行政权的关系，学校权力与院系权力的关系，行政权与学术权的关系，学校管理权与社会参与权的关系。大学章程作为“大学宪章”，正是通过对高校内部多元主体之间的权力关系进行调整和规范，厘清权力边界，规范权力行使，进而保障学校管理的民主化和科学化。高校在规范权力关系的过程中，尤其需要维护学术权力，释放师生潜能，最大限度地激发大学的科学精神和创造力。

大学章程都涉及对权力关系的调整，以此规范权力的正确行使。《华中师范大学章程》在第三章“学校基本制度”中规定：学校党委和行政对重大问题实行“集体领导，民主集中，个别酝酿，会议决定”的议事和决策基本制度；实行教授治学，保障学术自由和学术民主，促进学术发展；实行民主管理，保障和支持教职员工和学生参与学校决策、执行和监督，建立健全师生参与、专家咨询和集体决策相结合的机制，等等。北京大学除设立常规性组织机构以外，在章程中还规定：学校设立校务委员会和监察委员会，作为学校咨询议事和监督机构。校务委员会由政府有关部门委派的代表、学校学术委员会主任、教师和学生代表，认同学校使命、为学校发展做出重大贡献的社会组织代表和社会人士代表，以及杰出校友和校外资深专业人士等组成，是体现社会参与学校治理的新型组织形式，其行使职权的范围包括：①审议通过校务委员会章程及其修订案；②决定委员的增补或者退出；③参与审议学校章程拟定和修订、发展与改革规划、学科建设与专业设置、年度预决算报告等重大事项；④审议学校开展政产学研合作与协同创新的总体方案、重大项目及协议，支持学校开展社会服务，促进学校社会合作水

平和质量的提高；⑤审议学校面向社会筹措资金、争取资源的规划或者计划，监督筹措资金的使用；⑥监督和评价学校办学质量与效益；⑦承担学校委托的其他职能。北京大学设立的监察委员会，由校纪委委员代表、民主党派代表、教职工代表和学生代表组成，对学校机构及人员具有检查权、调查权、建议权、处分权，并受理学校机构及人员对处分决定的异议或者申诉，依法依规维护其权益。

（二）扩大民主参与，保障师生权益

高校的民主管理在很大程度上，表现为师生以一定方式直接参与学校管理，表达和维护自身的合法权益。作为高校民主管理的基本载体，教职工代表大会是教职工行使民主管理权利的基本形式和权力机构。学生代表大会是学生行使民主管理权利的组织载体。大学章程维护师生员工通过教职工代表大会、学生代表大会参与学校相关事项的民主决策、实施监督的权利，并对教职工代表大会、学生代表大会的地位作用、职责权限、组成与负责人产生规则，以及议事程序等方面予以明确规定。北京大学等高校还在章程中，进一步拓展了师生参与学校民主管理的渠道。如《北京大学章程》规定设立校务委员会和监察委员会，教师和学生的代表均可成为其成员。《南京大学章程》也规定设立校务委员会作为学校的重要咨询机构，由学校党政主要领导、职能部门负责人、党外人士代表和师生代表等组成，负责对学校发展规划、重大改革方案与措施以及学校办学活动中的重大事项进行咨询，提出意见和建议。复旦大学等高校的章程中，都明确规定师生拥有参与学校民主管理和决策、对学校提出意见和建议的权利。

（三）坚持校务公开，完善监督机制

坚持实行校务公开，是大学民主管理的重要内容。校务公开的核心是透明和公开，本质的问题在于落实师生的知情权和监督权。教育部在 2012 年发布的《全面推进依法治校实施纲要》中指出：学校制定章程或者关系师生权益的重要规章制度，要遵循民主、公开的程序，广泛征求校内外利益相关方的意见；学校章程和规章制度应当加以汇编并公布，便于师生了解、查阅，有网络条件的学校应当在网页上予以公开，涉及师生利益的管理制度在实施前要经过适当的公示程序和期限，未经公示的不得施行；学校除依法应当保密或者涉及学校特定利益需要保密的事项外，决策事项、依据和结果要在校内公开，允许师生查阅。这些措施有许多都写进了一些大学的大学章程，充分保障了校务公开成为维护师生权益、体现民主管理的重要制度。

复旦大学在章程的第六十二条规定："学校实行信息公开制度，及时向社会以及新闻媒体发布办学信息，主动接受社会监督和评价，塑造学校良好社会形象。"《华中师范大学章程》第二十六条规定："学校实行党务公开、校务公开和信息公开，接受举办者、教育行政主管部门和其他有关部门以及师生员工和社会公众的监督。"《上海交通大学章程》第十四条规定学校的义务包括"依法公开学校信息，保障师生和社会公众的知情权、表达权、参与权和监督权"。

四、师生的奖励和荣誉体系制度是如何设计的

奖励和荣誉是由于优秀的表现或成绩而从特定组织获得的奖金、名誉和尊荣等特殊权益。获得奖励和荣誉是师生应当享有的权利之一，也是激发师生荣誉感和积极性的精神动力。每所学校都以教师和学生为主要对象，设计了授予奖励和荣誉的相关制度。

《华中师范大学章程》规定学校建立统一的奖励和荣誉体系制度，并在第四十九条、第五十九条中规定学生和教师享有公平获得各级各类荣誉称号和奖励的权利。《浙江大学章程》规定学生和教师均享有"公平获得各级各类奖励及荣誉称号"的权利，并在第四十九条、第五十条中规定：学校设立奖学金、助学金、勤工俭学等形式的助学项目，奖励品学兼优的学生，帮助在学习生活中遇到特殊困难的学生，保障学生不因生活困难而辍学；学校公正评价学生的学业成绩和品行，对取得突出成绩和为学校争得荣誉的学生集体或个人进行表彰奖励。《北京师范大学章程》规定：学生按照国家和学校有关规定，享有获得奖学金、助学金、助学贷款等奖励和资助的权利，教师享有公平获得各种奖励及荣誉称号的权利，并在第七条中规定：学校建立荣誉奖励体系，木铎奖为最高荣誉奖。《江西师范大学章程》规定：学生和教师都有申请和获得各种奖励、资助、荣誉称号的权利，学校对在德、智、体、美等方面全面发展或在思想品德、学业成绩、科研创新、锻炼身体及社会服务等方面表现突出的学生，给予表彰和奖励。

五、师生的奖励体系如何得到保障

高校主要在经费、制度、程序等方面，维持师生奖励体系的正常运转，保障师生获得奖励和荣誉的正当权益。

（一）经费保障

高校争取从政府部门、企事业单位获得经费支持，设立各种奖学金、助学金、助学贷款，并分别按照教师和学生在业绩、贡献等方面的特点，设立各种荣誉称号，保障师生享有公平获得各种奖励和荣誉的权利。

（二）制度保障

高校制定和完善与大学章程相配套的各种奖励制度管理办法，保障师生奖励体系的顺利实施。例如，华中师范大学出台《华中师范大学奖励实施办法》，详细规定了奖励类型与标准、发放程序等，对在学校教学、科研、管理、学科建设等项工作中取得突出成绩的集体或个人予以奖励，或授予荣誉称号。江西师范大学制定了《江西师范大学学生表彰与奖励办法》，对学生的表彰和奖励采取授予“三好学生”称号或者其他荣誉称号、颁发奖学金等多种形式，给予相应的精神鼓励或者物质奖励。

（三）程序保障

高校坚持公开、公平、公正的原则，规范各种奖励和荣誉的评审程序，将涉及师生奖励和荣誉的重要事项列入校务公开的内容予以公示，征求师生意见，反映师生诉求。

六、校友权益的保障是如何体现的

校友是在学校学习或工作过的师生员工和获得过学校名誉学位或荣誉职衔的人士。高校拥有自主接受校友捐赠、资助和各种支持的权利，同时也负有保障校友权益的义务。高校对校友权益的保障，主要体现在以下方面：一是邀请或聘请校友担任学校相关机构的代表，由其履行民主参与和社会监督的责任；二是以校友会等组织和校务公开等形式，与校友保持联系和沟通，保障校友对学校事务的知情权、监督权等权利；三是聘请大力捐资助学或对学校发展有重大贡献的校友，担任荣誉职衔。

大学章程一般在“学校与社会”的章节中规定对校友权益的保障方式，有些高校还为此辟有专门的章节予以规定。例如，《北京大学章程》第四十四条规定：“学校设立负责校友工作的专门机构，关心、支持校友发展，促进校友与校友之间、校友与学校之间、校友与社会之间的交流与合作。学校实行校务委员会校友代表制度，发挥校友在办学治校中的咨询议事和监督作用。学校鼓励校友通过各种方式支持学校建设、维护学校声誉和权益，珍惜校友对母校的回馈作为。”《中山大学章程》第五十五条规定：“学校为校友提供优质的教育和其他方面的服务；定期向校友通报学校发展情况，听取校友的意见和建议；鼓励校友参与学校建设和发展，促进校友协助学校开展人才培养、学术研究、学术文化等方面的交流与合作。”《华东师范大学章程》第六十四条、第六十七条规定：“学校依法妥善保存和保护校友在校期间的学籍、人事和其他相关档案信息，依法提供校友档案信息服务。学校通过各种方式，表彰为社会和学校发展做出重大贡献的校友，弘扬爱校荣校的精神。”《华中师范大学章程》第五十五条规定：“学校积极创造条件，鼓励校友参与学校的建设与发展。学校以多种方式联系和服务校友，支持校友事业发展。定期向校友通报学校发展情况与发展设想，优先为校友提供优质的继续教育和终身培训。”《江西师范大学章程》第五十七条规定：“学校鼓励校友参与学校的建设与发展。对学校建设做出贡献的校友，学校授予荣誉称号。”

第四章

文化传承的重要体现

——如何理解章程中的文化元素

一、大学章程如何反映学校的办学特色

大学特色是大学生命力极强的文化底蕴或文化形象所在。不同的环境、不同的时代背景下，大学的特质会变化发展、调整创新。因此，大学特色是大学内生沉淀的产物，又是外生时代创新的成果。《高等学校章程制定暂行办法》第四条规定高等学校制定章程应当着重完善学校自主管理、自我约束的体制、机制，反映学校的办学特色。《国家中长期教育改革和发展规划纲要（2010—2020年）》指出：促进高校办出特色。建立高校分类体系，实行分类管理。发挥政策指导和资源配置的作用，引导高校合理定位，克服同质化倾向，形成各自的办学理念和风格，在不同层次、不同领域办出特色，争创一流。

教育部对高校实施的教学评估中，也将办学特色作为最重要的评估指标之一，要求教学工作优秀的大学必须具有鲜明的特色，明确指出：大学的办学特色是指学校在长期办学过程中积淀形成的、本校特有的、优于其他学校的独特优质风貌。中南大学校长黄伯仁指出：大学特色是指在一定的办学思想指导下和长期办学实践中逐步形成的独特的、优质的和富有开创性的个性风貌。潘懋元教授认为：任何大学都应有自己的特色，而不是照搬别人的模式与经验。在社会教育资源有限的情况下，大学纷纷认识到特色的重要性，开始注重以特色求生存，以特色求发展。大学的办学特色具有独特性、稳定性、发展性、综合性的特点，而且特色具有动态性，其形成是渐进过程，已经具有的特色也是不断发展、不断提高的。没有特色就没有优势，没有优势就没有水平。办学特色是一所大学生存在与发展的生命线，是大学的优势所在。办出特色，要很好地分析现实条件与可持续发展的前景。大学应该将自己置身于国家和整个教育系统中，根据自身的发展基础和社会需求去挖掘办学特色，办学特色主要体现在学校的目标定位、人才培养、发展使命等方面。

（一）目标定位：明确办学方向

大学定位指大学根据自身条件、职能、国家和社会需要以及学生需求，按照扬长避短的原则，参照高等学校类型和层次的划分标准，经过纵横向的比较和分析，在清醒认识本校的历史、优势和不足的基础上，明确自身在整个高等教育系

统及同行中的位置，确定差异化的发展思路，准确把握自身角色，突出特色[①]。

大学是复杂的社会组织，大学管理者应对大学进行正确的自我认识和评价，形成恰当的定位观。大学应满足社会的需要，这是其存在的合理性理由之一，但大学对社会需要的满足是有限度的，“大学不是风向标，不能流行什么就迎合什么。大学应不断满足社会的需要，而不是它的欲望[②]。”大学要有所为，有所不为，所以大学的定位十分重要。一些学校不顾社会客观需要和学校实际条件，盲目追求高层次、综合性、研究型；一些重点大学盲目追求大而全，成为包罗万象、多层次、多形式并举的“太学”[③]。其实，每个国家的高等教育都呈“金字塔”形，这种将“金字塔”上下“拉齐”的做法，不符合高等教育发展规律。处于塔顶的高校“向下拉”明显地稀释了精英高等教育资源，处于塔的其他部分的高校费力不讨好地“向上爬”也浪费了宝贵的高等教育资源。这些现象往往导致学校间恶性竞争，珍贵教育资源被滥用、闲置和浪费，培养的人才也无法满足社会的实际需求。

大学定位是一个体系，它应当包括目标定位、类型定位、层次定位、学科定位及服务面向定位[④]。一些国内处于顶尖地位的精英大学提出“世界一流大学”的办学定位，如《北京大学章程》提出走中国特色、北大风格的世界一流大学发展道路，提出致力于成为全球卓越的高等教育和学术研究机构。另外，一些在某些领域处于国内领军地位的大学提出在某一领域“国际知名”的特色办学定位，如《中国政法大学章程》提出努力办成开放式、国际化、多科性、创新型的世界知名法科强校。《中国传媒大学章程》提出培养信息传播领域高层次人才，为党和国家的传媒事业以及经济社会发展做贡献。

（二）人才培养：突出办学特色

2002 年中外大学校长论坛课题组提交的报告认为：大学办学特色的灵魂是

---

① 李静.基于差异化战略的大学定位研究[D].济南：山东大学，2008.

② [美]亚伯拉罕·弗莱克斯纳.现代大学论——美英德大学研究[M].徐辉，陈晓菲，译.杭州：浙江教育出版社，2001.

③ 王义遒.我国高校的恰当定位为什么这么难[J].高等教育研究，2005(2).

④ 王心如.论大学办学定位于发展战略[J].南京医科大学学报：社会科学版，2004(3).

培养出与众不同的有丰富创新能力的高素质人才。[1]大学的根本任务是培养人才，人才特色是高校办学特色的集中体现。具体说来，人才培养过程为形成人才特色提供保障，而人才培养质量则是人才特色的主要尺度。2015 年 5 月 4 日国务院办公厅印发了《关于深化高等学校创新创业教育改革的实施意见》，要求各地区、各高校落实立德树人的根本任务，主动适应经济发展新常态，以推进素质教育为主题，以提高人才培养质量为核心，以完善条件和政策保障为支撑，促进高等教育与科技、经济、社会紧密结合，加快培养规模宏大、富有创新精神、勇于投身实践的创新创业人才队伍。高校人才培养目标体现着高等教育培养人才的具体要求。合理定位人才培养目标将有助于高校明确办学指导思想，提升核心竞争优势。目前，随着我国高等教育从精英教育转入大众化教育阶段，高校人才培养目标需要进行重新定位。

不同大学章程关于人才培养的表述各具特色。《华中师范大学章程》的人才培养目标是：着力培养引领教育发展的未来教育家以及推动国家、民族与社会发展进步的领导者和精英人才。《北京中医药大学章程》的人才培养目标是：以继承和发展中医药学、弘扬中华民族优秀文化、促进人类健康事业发展为己任，探索与实践遵循人才成才规律的中医药高等教育模式，培养秉承“大医精诚”精神、传播先进思想、促进学术发展、人格健全的高素质人才。《中国农业大学章程》的人才培养目标是：围绕人类的营养与健康，以国家农业科技重大需求和国际学术前沿为导向，以培养高质量农业科技创新与管理人才为主要目标，开展高水平科学研究、社会服务和文化传承与创新。

（三）发展使命：文化传承创新

胡锦涛在庆祝清华大学建校 100 周年大会上的讲话提出：实现中华民族伟大复兴，科技是关键，人才是核心，教育是基础。高等教育是优秀文化传承的重要载体和思想文化创新的重要源泉。2013 年“高校文化传承创新研究座谈会”指出，文化传承主要是指文化的传播与继承，包括对中华民族的优秀文化传统、五四运动以来形成的革命文化传统以及人类社会创造的一切先进文明成果的继承和发扬。文化创新是对以往的文化沉淀做出选择，扬其精华，弃其糟粕，并做出新

---

① 储召生.办学特色:大学的必然选择[N].中国教育报,2003-07-28.

的文化创造。①大学作为传承优秀传统文化、知识创新和人才培养的重要阵地，在推进社会主义文化大发展大繁荣中承担着重要的历史使命和社会担当。在新的时代背景下，从文化传承创新高度认识大学的使命，对于提高人才培养的质量、提升科学研究的水平、拓展社会服务的深度和广度，意义重大，有利于大学在更高层次上提升国家文化软实力和中华文化的国际影响力。

许多学校将文化传承与创新写进了学校章程：《复旦大学章程》提出鼓励各种旨在增进人类福祉与健康的创造性研究，保护学术和思想的多样性，尊重文化传统，促进文明互信，通过学术和思想的事业，引领并服务于整个社会的进步和人类的文明进程。《北京外国语大学章程》提出培养高层次国际化人才、研究和传播中外优秀文化、探索新知、推动世界文明多样性发展为办学宗旨，追求卓越，精益求精，致力于成为中国外语教育发展的引领者，服务国家全球战略的智库，中华文化向世界传播的重要基地。

链接

办学特色在章程中的体现

梅西大学

东京大学

梅西大学把学校特色作为章程的主要内容，其章程的第三章“特色”在构成章程的12章中所占篇幅最大，可见其对追求自身特色的重视。《梅西大学章程》在“特色”章节中表示，该校的一个特色是所提供的学术课程和研究活动都与区域发展紧密相联；另一特色是其具有40年传统的“远程教育”为成千上万的新西兰人提供接受高等教育的机会。康奈尔大学将其特色体现在“大学使命”之中。《康奈尔大学章程》在“大学使命”中提到，要

① 王晓宁.推进高校文化传承创新——“高校文化传承创新研究座谈会”综述[N].中国教育报,2013-06-03.

致力于知识的传授、保护与创造，为国家和全世界培养能够应对未来挑战的杰出领袖级的人才。[①]东京大学将其特色体现在“办学理念和培养目标”之中。《东京大学章程》在序言中表明：“东京大学将努力使自己成为世界一流的学术研究机构，并且培养出有全球性发展眼光的知识分子，这些知识分子将为实现一个没有偏见的社会，为促进科技进步和创造新文化作出贡献。”[②]

二、大学章程如何展现学校的办学理念

大学理念是指人们在对教育规律认识的基础上所形成的关于大学的性质、职能、使命、目的、大学与社会的关系等一系列大学基本问题的理性认识。大学理念对大学的发展具有定向作用，也就是说什么样的大学理念，就会有什么样的大学实践，就会铸就什么样的大学文化。大学章程中明确规定大学的办学理念，使这种理念以文本的形式呈现在章程中。以这种规定为导向，指引师生朝着这个方向发展，并把这种理念变成一种自觉。现代大学发展史表明，大学作为追求真理、追求知识的高层次、高水平的教学科研机构，若无明确、先进的办学理念，则很难有所成就。明确、先进的办学理念植根于现实，又超越现实，具有前瞻性、超越性和引导性，它是大学办学的动力所在，引导着大学不断地向前发展。[③]大学办学理念主要体现在大学的办学宗旨、价值追求等方面。

（一）追求卓越：自由创新

古往今来，卓越一直是读书人和知识界的向往与追求，也是作为学术殿堂和人才摇篮的现代大学的目标和理想。卓越作为人们的一种向往与追求，首先在于思想和精神的崇高与远大。南方科技大学原校长朱清时在接受媒体专访时说，大学的灵魂是追求卓越，大学精神最根本的就是追求卓越。斯坦福大学校长约翰·汉尼斯教授认为，卓越是大学的一个核心价值观。美国是当代公认的世界高等教

① 张苏彤.大学章程的国际比较：来自中美两国六校的样本[J].中国高教研究，2010(10).

② 陈立鹏，梁莹莹.日本的大学章程建设[J].中国高等教育，2010(10).

③ 陈利民.哈佛大学办学理念研究[D].武汉：华中科技大学，2005.

育强国，其大学的卓越，首先不在于物质的成果，而在于它的办学思想和理念，在于它的学术精神和学术文化，一直引领着世界的潮流。大学是思想的圣地，学术的殿堂，是传承人类文明，创立先进文化的基地。大学的性质、使命和担当都要求自身必须具有更强的创新能力，产出更多的创新成果。离开了创新，大学就谈不上卓越，《礼记·大学》中就说过“苟日新，日日新，又日新”，没有创新，就没有活力。哈佛大学的卓越之所以为世界公认，最重要也在于它的创新品格、创新内涵和创新精神，在于它的40多位诺贝尔奖和30多位普利策奖得主为世界所提供的创新成果。有创新才能有卓越。

众多大学将自己追求卓越和勇于创新的理想信念写进了章程：《北京大学章程》秉承思想自由、兼容并包的学术精神，崇尚真理、追求卓越。《暨南大学章程》指出学校坚持“质量是生命，创新是灵魂”的办学理念。《陕西师范大学章程》以“崇真务实、开放包容、追求卓越”为办学理念。《西安交通大学章程》指出学校坚持“修一等品行、求一等学问、创一等事业、成一等人才”的办学理念。

（二）经国济世：服务社会

在急剧变革和迅速发展的当今社会，大学的地位日趋重要，责任日益重大，这已是一个不争的事实。与中世纪欧洲“修道院式”的经典大学和19世纪被喻为“象牙之塔”的德国大学相比，现代大学更被人们视为“新思想的倡导者、推动者和交流中心”“世俗的教会”，甚至是“仅次于政府成为社会的主要服务站和社会变革的主要工具”①。半个多世纪前，罗伯特·M.赫钦斯就提出大学不应是“一面镜子”而应当是“一座灯塔”②，这一观点今天已经得到人们广泛的认同。大学，尤其是一流大学无不以追求学术自由、服务社会为自身的使命。而大学定位和战略发展方向的确立，除了大学本身的比较优势和历史传统之外，更重要的是明确社会经济和国家区域的重大发展战略，通过针对性的人才培养满足社会的发展需求。能否培养出经国济世的卓越人才已成为衡量一流大学社会声誉和学术地位的重要尺度。③《国家中长期教育改革和发展规划纲要（2010—2020年)》明确提

① Brubacher,John S.On the Philosophy of Higher Education [M].San Francisco:Jossey-bass,1982:7-17.

② Hutchins,Robert M.The Learning Society [M].New York:Frederick A.Praeger,Publisher,1968:12.

③ 张凯.试论一流大学内涵发展与人才培养[J].中国高教研究,2005(9).

出增强高等教育社会服务能力的要求，对大学社会服务提出新的挑战。挑战之一就是如何发挥大学的“智库”作用以更好地服务我国社会转型的需要。高校智库建设日益引起人们的关注，这一现象隐喻的是人们对大学社会服务提出的新要求。

《上海交通大学章程》指出：面向未来，学校将致力于激发学生潜能，培养精英人才；致力于探索未知领域，攀登科学高峰；致力于攻克技术难题，服务国民经济；致力于繁荣社会文化，引领社会发展；致力于构筑文化桥梁，促进人类进步。《中国海洋大学章程》在序言中提到：学校坚持“特色立校、科学发展、树人立新、谋海济国”，发展成为学科门类齐全、海洋和水产学科特色显著的高等学校，为国家培养了大批专门人才，为国家海洋事业持续健康发展做出了特殊贡献。

（三）以人为本：促进人的全面发展

“以人为本”是科学发展观的本质和核心，是科学发展观的价值基础。当我们将“以人为本”作为高等教育的价值选择时，大学教学便被赋予应以提高大学人才培养质量、满足人民群众和社会发展需要为目标的内涵。[①]“以人为本”的办学理念，不仅是发展高等教育事业，构建和谐校园必须遵循的价值观，而且是高校核心竞争力的源头，是高校持续健康发展的关键所在。[②]大学教育“以人为本”主要体现在两个方面：以学生为本和以教师为本。19世纪英国著名教育家纽曼在《大学的理想》中认为，大学为学生而设，而且大学是“教师和学者集中的地方，在很大程度上等同于教师”。[③]美国斯坦福大学前校长肯尼迪断言：“在社会对当代大学的许多期望中，最重要的就是大学能够教好学生”（“对学生负责，是大学的主要使命，也是教师的重要学术职责”）[④]“与其他任何组织相比，学校更多地代表未来”。[⑤]因此，大学教育以人为本，要将学生和教师利益放在首位，树立服务观念，增强责任意识，面向社会，让“每一颗金子都闪闪发光”。

《中国人民大学章程》提出学校以“人民、人本、人文”为理念，以“立学为民、治学报国”为办学宗旨，以“人民满意、世界一流”大学为建设目标。

---

① 刘斌.以人为本办人民满意的高等教育[J].教育与现代化,2008(3).

② 谷苏.高等教育坚持以人为本理念之实践分析[J].前沿,2013(24).

③ [英]纽曼.大学的理想[M].徐辉,等译.杭州:浙江教育出版社,2001:31.

④ [美]唐纳德·肯尼迪.学术责任[M].阎凤桥,等译.北京:新华出版社,2002:349.

⑤ [挪威]波尔·林大.教育改革的限度[M].刘承辉,译.重庆:重庆出版社,1991:50.

《江西师范大学章程》提出学校以人才培养为中心，以促进师生发展为根本，实行人才强校战略，通过传授、创造和应用知识，传承创新文化，服务国家人民，推动社会进步，促进人类文明发展。

（四）国际视野：冲绳大学的办学理念

冲绳大学，英文名称：Okinawa University，是 1961 年建立，1974 年开设大学教育的日本私立大学，它简称为“冲大”，是位于日本最南端的大学。学校设有法经学部（法经学科）、人文学部（国际沟通交流学科、福祉文化学科、儿童文化学科）。冲绳大学的前身是冲绳短期大学，创建于 1958 年，1961 年正式改名为冲绳大学。冲绳大学经历了草创期和冲绳回归本土时期的艰难岁月，于 1978 年确立了“创办一个立足冲绳地区、学于地域、与地域共存的开放型大学”的办学基本理念。它以“从竞争力到共创能力的转换”为主题，开展培养有协作精神人才的活动，其中尤以“同伴上课和笔记援助活动”最为出色，该活动作为优秀的教育活动被选定为 2007 年的 GP 工程。2007 年，日本全国 28 个有组织的学生残疾人福利援助团体以“共创大学”为主题，开展大学管理参与计划运动并提出了很多建议。多年以来，为创建一个为冲绳地区发展做出贡献的高等教育研究机构，展开了不懈的努力和改革。冲绳大学在纪念创建 50 周年之际，确立了“成为一个共创地域·共创未来的大学”这一新的办学理念，树立并宣布实施以下三大目标：（1)成为一个冲绳人共创地域、共创世界的教育基地。①为冲绳人放眼世界提供一个知识集聚地；②为地区住民提供一个地域教育中心。（2)开展有益于地球环境和地区环境的教育与研究。①展开保护地球环境的实践教育；②展开保护地区环境的研究提案。（3)开展大学教育改革，培养共创精神。①创建全球性的大学；②培养人类共创精神的素养；③共建一个以学生为主体的学习场所。

三、大学章程如何表现学校的校园文化

党的十八大报告中明确提出了“积极培育和践行社会主义核心价值观”的任务和“倡导富强、民主、文明、和谐，倡导自由、平等、公正、法治，倡导爱国、敬业、诚信、友善”的“三个倡导”，为新时期大学校园文化建设提供了理

论依据，也提出了新的要求。

大学校园文化是一所大学生存和发展的重要根基，还是区别不同大学的重要标志和特征。它是大学校园内所呈现出的一种特定的文化氛围，人们对不同大学的不同感觉首先是来自大学校园的环境和氛围，这是校园文化的直观表达。大学校园文化是大学文化的重要组成部分，能直接体现一所大学的物质文化和精神文化，是动态的多维的群体性文化，具有阶段性、时代性和与时俱进的特征。大学章程是大学的基本法，也是大学精神、传统、文化的总概括和总限定。大学章程中的校园文化集中体现在大学传统与精神、校训、学风、校风等方面。

（一）传统与精神：大学的文化底蕴

高校的传统与精神就是学校发展过程中长期积累和沉淀而成的一系列教育观念、教育思想及教育价值追求的集合体，是一种学校意识和文化观念，是校园文化的灵魂。大学精神是赋予大学生命、活力并积淀了大学最富有典型意义的精神特征，是一所大学明显有别于其他大学的独特的办学风格、鲜明的个性或优良的特征，它是在先进办学理念引领下经长期历史积淀所形成的具有全局性影响的独特品质，体现的是在大学本质属性基础上的个性特征，能够体现出一所大学之所以为“之”的标志性“不同”，是外界认识一所大学的一个重要“符号”。大学章程需要彰显个性、树立特色而不能趋同，所以必须反映出学校的历史继承和学术精神。

历史继承。每一所大学都有自己的历史传统和校园文化积淀，这些内容必须在大学章程中有所体现。例如，在大学章程的序言部分，简要将学校的发展改革、文化传统和发展现状等予以描述，以使大学章程的个性化特征更加鲜明。《中山大学章程》序言中指出中山大学的办学历史最早可追溯至1866年创建的博济医学堂和1888年创建的格致书院，1886年两者发展为岭南大学，自1924年通过“并、更、调”，2001年定下新的中山大学发展格局。《华东师范大学章程》中指出华东师范大学秉承大夏大学、光华大学等前身学校“自强不息”“格致诚正”的精神和学思结合、中外汇通的传统，追求“智慧的创获，品性的陶熔，民族和社会的发展”的大学理想，发扬教师教育和教育研究等传统学科优势，致力于建设世界知名高水平研究型大学。

学术精神。西方大学自产生以来就秉承学术上的自由而发展至今。潜心研究大学的学者雅斯贝尔斯在其著作《大学的理念》中强调：大学能够得以正常发展

的首要原则是学术自由和大学拥有自主性。[①]自中世纪西方大学产生以来，大学的自由总是有相关的保障机制。在中世纪时，由“特许状”发挥保障作用，后来大学章程来取代“特许状”的地位，继续保障这一价值的实现。在大学章程中能确立学术自由的地位，则在大学中形成一种自由的学术氛围和文化就相对容易了。一所大学的“精神”同这所大学独特的历史、地理、文化环境有密切关联。只有那些在长期的办学历史过程中，通过对自己办学理念的倡导、践行、提炼和升华，并在这个过程中形成独特价值理念和理性追求的大学，才真正具有自己的学术精神。国内知名大学都有自己独特的学术精神，这不仅是学校的一笔宝贵财富，也是大学独特魅力之所在，更是大学可持续发展的动力。例如，《清华大学章程》指出清华大学在学术上倡导“独立之精神，自由之思想”。复旦大学校名取自《尚书大传》之“日月光华，旦复旦兮”，喻示大学是社会之光，与日月同辉。复旦强调学术的价值在于探究真理，守护文明，正谊明道，不计其功。同样强调以学术精神滋养师生，坚持理想，坚守价值，治学严谨，为学有恒。

（二）校训与校风：大学的文化韵味

大学不仅仅是客观物质的存在，更是一种文化存在和精神存在。大学的物质存在很简单，如仪器、设备、大楼等。然而大学之所以称之为大学，关键在于它的文化存在和精神存在。大学文化的核心与灵魂则体现于大学的精神，而校训被公认为是大学精神的象征，是学校历史和文化的结晶，是学校办学理念集中的体现，当然也是对学校特有的文化内涵的一种简练表述。美丽的校园环境能给人留下美好印象，因校园环境的感染性、暗示性、渗透性等特点，在办学育人过程中起着物质基础作用，而一个学校的校风、学风、教风、传统、讲座等价值层面的东西，能真正给人以深刻的启迪和实实在在的影响，这些属于制度文化和心理观念文化层面的东西。校园文化的建设应着眼于通过严谨科学的管理，建立各个层面、各个环节的育人规章制度；通过丰富多彩的校园文化活动承载厚重的历史，形成自己的教风、学风，形成自己独特的校园观念文化和风貌氛围。[②]

---

① 王延明，李杨，邹晓红.大学章程的价值——从法律、文化、制度价值视角进行研究[J].天津大学学报：社会科学版，2015(3).

② 杨福家.大学的使命与文化内涵[J].学习时报，2007(8).

校风是指一所学校的风气，是学校全体成员在共同目标指引下经过长期的努力形成的较稳定的并且得到普遍认同的行为倾向和行为风尚，它是师生的思想、道德、纪律、治学态度的综合反映和外在表现。校风一般包括学校的教风、学风、领导工作作风等，主要通过师生的语言、行为、态度表现出来，是师生共同的心理状态和行为标志，校风是一所学校的实然之风。

而校训是大学人在探索高深知识、培养大学人的过程中，针对组织内部全体成员制定的具有导向、激励作用的词语，这些词语是一所大学治校、育人的指导思想。校训不但体现着学校师生的基本行为准则，更多地体现着学校的努力方向和教育目标，体现着大学人的美好理想和愿望。校训是一所学校的应然之风。不同的大学有不同的校训、校风和学风。

如《华中师范大学章程》提出学校的校训为“求实创新、立德树人”；《江西师范大学章程》提出“静思笃行、持中秉正”的校训；《南京理工大学章程》提出学校秉持“进德修业，志道鼎新”的校训，弘扬“团结、献身、求是、创新”的校风。这些校训、校风、学风无一不彰显大学独特的精神风貌，无一不充满独特个性，将激励一代又一代的青年学子寻求真理，追逐梦想，完成国家和民族的伟大理想。作为章程的特色内容，它们展现了学校独特的文化韵味。

链接

西方大学最早的校训

根据资料显示，牛津大学和剑桥大学的校训应该是西方大学最早出现的大学校训。牛津大学的校训是“上帝乃知识之神”，其原文是拉丁文语“Dominus Illuminatio Mea”，英语可译为“The Lord Is My Illumination”，[①] 出自《圣经》中的赞美诗第27篇，强调“神”是知识和真理的源泉，表明了学校浓厚的宗教背景和对上帝的信奉。剑桥大学的校训是“剑桥——求知学习的理想之地”，原文也为拉丁语，可译为“Here light and sacred draughts”，表达了剑桥人以学识为本的办学思想。[②]

---

① 吴崇恕.世界知名大学校训校标[M].武汉:湖北人民教育出版社,2003:335

② 吴崇恕.世界知名大学校训校标[M].武汉:湖北人民教育出版社,2003:335

四、学校的形象标识在大学章程中如何体现

大学形象是大学各种属性在人脑中的整体的、抽象的、概括的反映，是社会公众对大学的印象和评价。由于大学所面临的公众是多元的，而这些不同的公众对大学的认识和看法以及期望和要求又是不一致的，所以不同的公众从不同的角度认识大学，就产生了各种感受和看法，形成了不同的大学形象。①

大学的标识是指能够反映学校特色并区别于其他学校的记号或象征符号。它可以体现在校服、校徽、校歌、校旗、校训、校园建筑及其他有特色的事物上，是校园文化的重要内容，在社会上代表着学校的形象。有创意的学校标识，相当程度上就是学校形象的具体化、典型化，使人们一看到这种标识就联想到这所学校，一提到这所学校就联想到这种标识，二者融为一体，密不可分。比如哈佛大学的庭院、圣母玛利亚大学的鎏金圆顶建筑、北京大学的校徽、清华大学的水木清华等都是学校的典型标志，使得这些学校与其他学校明显地区分开来。有影响的标识，对内，能够鼓舞士气，凝聚人心，增强自信心和自豪感；对外，昭示着学校团结奋进、积极向上的一种精神。

《高等学校章程制定暂行办法》规定章程应当按照《中华人民共和国高等教育法》的规定，载明校徽、校歌等学校标志物。大学标识可以是语言类的，也可以是图案和色彩。学校形象标识的设计不仅具有观赏价值，而且在学校文化传播的过程中，具有不可替代的独特功能，不仅表现了对学校形象标识的原创性的尊重和对知识产权的保护，也规范各院校在文化传播中所用的素材，明晰了各大学的办学特点、办学理念及办学目标。学校的形象标识具备功能性、识别性、显著性、艺术性、持久性等特性。树立良好的学校形象标识将会增强大学在社会群众中的影响，尤其在形成良好的口碑后，学校形象标识将能代表学校的办学质量以及声誉等。

通过查阅教育部审核通过的各大高等学校的相关章程，各大学的学校标识章节所包含的款项不尽相同，但大部分内容可分为如下几个方面：学校名称（全称

---

① 王文鹏.大学品牌的形成机制及其评价研究[D].北京：中国矿业大学，2010.

及简称)、学校徽志(校徽与校章)、校旗、校歌、校庆日等。随着现代技术的发展,很多学校也将学校的网址(包括中英文网址)作为单独的条例进行着重申明。除了可视的学校形象标识外,有些大学也将学校校址、学校徽章、上下课指令以及学校教学理念等作为学校形象标识。随着章程制定过程的顺利进行,可供参考的章程相对比较多,不同大学在参考之前学校的章程情况下,结合本校的校情,对其在章程中的位置进行调整,并对学校的形象标识范围进行扩展,使得学校形象标识的内容越来越丰富,如西南大学将学校校树("樟树")以及学校校花("玉兰")并列入其中。

(一)校名:大学的黄金招牌

在各学校发展壮大的过程中,学校形象的建立与学校校名的传播有着密不可分的联系,学校名称(全称及简称)承载着学校的发展历史,可视为大学在办学过程中的文化的传承以及与现代文化的融合,是学校所处时代性、社会性的反映,是名与物的统一,是形与体的结合。许多学校在经历几十年或上百年的岁月考验后仍屹立不倒,学校名称自然而然成为学校本身的黄金招牌,有着无可取代的号召力和影响力。因此,在章程制定的过程中,各大学都详细地阐述学校全称及简称,其中包括使用的字体、拼音以及英文翻译。例如,《上海外国语大学章程》中指出该校全称为上海外国语大学,简称"上外",英译为"Shanghai International Studies University",简称"SISU"。又如,《南京大学章程》中指出该校全称为南京大学,简称"南大",英文校名为"Nanjing University",英文校名缩写为"NJU"。再如,《北京外国语大学章程》中指出该校中文全称为北京外国语大学,简称"北外",英文名称为"Beijing Foreign Studies University",缩写为"BFSU"。

校名是伴随学校成长的标志,在学校发展过程中所创造的价值和所建立起来的影响力并不能因为改名或易名而被否认。因此,翻阅各学校颁发的章程内容可以看到,学校校名的易改历程也被写入章程内容当中,并且介绍了学校易名相关的历史背景。

如《南京大学章程》中写道:南京大学创始于1902年的三江师范学堂,此后历经两江师范学堂、南京高等师范学校、国立东南大学、国立第四中山大学、江苏大学、国立中央大学、国立南京大学等历史时期,1950年更名为南京大学,简称"南大"。南昌大学因也简称"南大",与南京大学发生过争执,因此在越来

越强调知识产权的时代，很多学校开始利用知识产权法保护自己的权益，也避免公众因分别不清而引起各方权益受害。可见，大学在建立好学校形象标识后，应当做好有关知识产权的保护工作，确保学校长远利益。《华中师范大学章程》中写道：华中师范大学是在1903年创办的文华书院大学部（始于1871年创办的文华书院，1924年改名为华中大学）、1912年创办的中华大学、1949年创办的中原大学教育学院的基础上，1951年组建公立华中大学，1952年改制为华中高等师范学校，1953年定名为华中师范学院，1985年学校更名为华中师范大学。2005年，被确定为国家“211工程”重点建设的高等学校。

（二）学校徽志、校旗、校歌：彰显学校文化个性

大学章程对学校校徽的创作灵感和意图进行了阐述，不难看出学校校徽在某些程度上体现了学校的办学历史、校标含义、教学特色、教学环境，以及教学理念等。学校校徽寄托了学校徽志创作人对学校寄予的厚望，同时也包含了创作人对校园文化的感知。学校在设计校徽时都有意突出本校的专业特色以及建校历史等内容，有些学校的设计具有前瞻性、特色鲜明，是非常成功的形象标识。

在制定章程中各院校均在学校标识章节中首先以文字描述方式着重强调其校徽的构成，有些学校直接在章程中插入图片或是另有附件标注学校徽志和校旗。《江西师范大学章程》中学校校徽的图形为双圆圈圆形标志。内圆圈中间由“中国江西师范大学”的英文首写字母“CJNU”组成，左为“C”，右为“J”，中为“N”，左右“C”、“J”合为“U”，整体效果为“中”字形状，其下“1940”为学校始创时间。两圆之间上半方嵌“JIANGXI NORMAL UNIVERSITY”，下半方嵌“江西师范大学”。校歌为《江西师范大学校歌》。校庆日为每年的10月31日。

江西师范大学校徽

《哈尔滨工业大学章程》对学校中文版校徽解读为：由齿轮、学校主楼、建校年“1920”、学校简称“哈工大”和一本展开的书构成，英文版校徽中学校简称为“HIT”。学校校旗为上白、下兰长方形旗帜（白色占三分之二），长宽比为3：2，中央分别印有校徽、中文校名全称、校名英译全称，校徽为白色，英译名为黑色，标准字为标准色反白色。学校校歌为《哈工大之歌》，校庆日是6月7日。

哈尔滨工业大学校徽

哈尔滨工业大学校旗

五、大学章程如何展现校友与学校的联系

（一）校友：学校发展的重要资源

校友亦称同学、同窗，是指有共同学习环境的一群学生。最早见于《庄子·知北游》：“婀荷甘与神农同学于老龙吉”，意指“同师受业”。校友是一个特殊的概念，既是一个群体的概念又是一个单体的概念，如“同志”的概念一样，既泛指志同道合的所有成员，又专指某一个成员。《清华大学章程》第三十七条将校友定义为：校友系在学校学习或工作过的师生员工和获得过学校名誉学位或荣誉职衔的人士。《北京师范大学章程》规定：学校校友是指在学校工作或学习过的人员。近年来，校友资源的综合开发与研究已成为高等教育研究的一个热门话题。校友工作已越来越受到高校和社会的重视和支持。

校友资源是学校发展最具亲和力、最具潜力的优质资源，是最为可靠的支持力量。校友在各自岗位上做出成就，既是为国家富强、民族振兴做出贡献，也是学校赢得社会声誉的重要体现，同样，校友以资金、智力、技术回报母校，是学校建设和发展的重要物资资源。艾瑞深中国校友会网最新发布《2015 中国大学评价研究报告》，报告公布了 2015 中国大学校友捐赠排行榜和中国大学最慷慨校

友排行榜等榜单，这是该研究团队连续第13年发布中国大学排行榜。报告显示，最近25年来北京大学累计获校友捐赠20.17亿，雄霸2015中国大学校友捐赠排行榜榜首，堪称“中国最赚钱大学”；清华大学获捐13.89亿列第二，武汉大学获捐11.29亿居第三，值得关注的是，北京大学校友黄怒波累计捐赠10.24亿，雄居2015中国大学最慷慨校友排行榜榜首，创造了中国大学校友个人捐赠总额的最高纪录。此外，哈佛大学宣布，哈佛大学工程与应用科学学院收到来自校友约翰·保尔森一笔高达4亿美元的捐赠。这也是哈佛大学校友历史上最大的一笔捐款。哈佛大学在其网站首页上发布了这一消息。哈佛大学表示，为纪念他的慷慨捐赠，哈佛大学将把该学院更名为哈佛大学约翰·保尔森工程和应用科学学院。校友是大学最值得夸耀的“名片”，而杰出校友则是大学引以为傲的荣耀，因此，世界知名大学均对校友给予高度重视。《康乃尔大学章程》和《牛津大学章程》中明确规定了外部人员参与大学决策机构的名额、产生方式以及参与学校管理的方式和权限，并确定校友参与大学事务的权利。

2015年中国大学校友捐赠排行榜100强

名次	学校名称	所在地区	办学类型	校友捐赠总额(万元)
1	北京大学	北京	综合	201700
2	清华大学	北京	理工	138900
3	武汉大学	湖北	综合	112900
4	中国人民大学	北京	综合	75801
5	浙江大学	浙江	综合	63947
6	南京大学	江苏	综合	52559
7	重庆大学	重庆	综合	36410
8	华南理工大学	广东	理工	30018
9	深圳大学	广东	综合	29892
10	中南大学	湖南	综合	28071
11	福州大学	福建	理工	26973
12	西安交通大学	陕西	综合	23410
13	同济大学	上海	理工	22589
14	厦门大学	福建	综合	21176
15	华中科技大学	湖北	理工	17084

数据来源：艾瑞深中国校友会网《2015年中国大学评价研究报告》。

《中国人民大学章程》中规定：优先为校友提供优质的继续教育和其他方面的服务；定期向校友通报学校发展情况与发展设想，听取校友的意见和建议。《武汉大学章程》中第七十一条规定：校友是推动学校发展的重要力量。学校就重大改革发展举措征询校友意见和建议。定期（或不定期）向校友通报学校重大事项。

（二）校友会：学校与校友的重要平台

既然校友对学校的发展具有如此重要的作用，那么如何有效利用这一资源促进学校的发展是各高校目前都非常重视的问题，校友会应运而生。教育部颁布的《高等学校章程制定暂行办法》中明确指出：对学校根据发展需要自主设置的各类组织机构，如校务委员会、教授委员会、校友会等，章程中应明确其地位、宗旨以及基本的组织与议事规则。《北京大学章程》第四十四条规定：学校设立负责校友工作的专门机构，关心、支持校友发展，促进校友之间、校友与学校之间、校友与社会之间的交流与合作。北京大学校友会是由校友依法自愿结成的非营利性社会组织，其宗旨是加强校友之间及校友和学校之间的联系，促进学校与社会的合作。学校支持校友会工作，为校友会的发展提供必要的保障。《浙江大学章程》指出：学校建立校友总会，以多种方式联系和服务校友，凝聚校友资源和社会各界力量，为学校、校友和社会的发展提供支持。《同济大学章程》指出：学校依法注册成立校友会。校友会是非营利性社会组织。学校设立校友工作机构，以多种方式联系和服务校友；优先为校友提供优质的继续教育和其他方面的服务；定期向校友通报学校发展情况与发展设想，听取校友的意见和建议。学校欢迎和鼓励校友以各种形式参与学校建设和发展。

而在校友管理工作更加成熟的国外，无论私立学校还是公立学校，都拥有校友会组织或者相关职能部门，密切地保持着与校友的关系，而且这种关系的维持，是建立在一种母校与校友双方得益的“双赢”基础上的。

中美部分大学校友会工作人员数量比较表

序号	大学校友会	专职工作人员	兼职工作人员
1	哈佛大学校友会	270 人	大量
2	霍普金斯大学校友会	174 人	169 人
3	哥伦比亚大学校友会	200 多人	大量
4	斯坦福大学校友会	149 人	大量
5	加州大学伯克利分校校友会	80 多人	大量
6	戴维斯大学校友会	15 人	近千名
7	清华大学校友会	7 人	3 人
8	北京大学校友会	4 人	4 人
9	上海交通大学校友会	7 人	0 人
10	南京大学校友会	6 人	2 人
11	浙江大学校友会	6 人	1 人
12	武汉理工大学校友会	6 人	0 人

数据来源：第十次全国高校校友管理研讨会交流材料（2003）；部分为调研统计结果。

在美国，学生毕业后不是真正地离开了学校，他们只是从在校学生的身份转换为校友，作为校友他们仍是学校的一分子，他们通过校友会这一平台可以继续使用学校的各类资源，可以享受学校对校友提供的各类服务。如哈佛大学为校友终身保留电子邮箱；芝加哥大学校友凭校友卡可以继续使用学校图书馆和体育场馆；芝加哥艺术学院的校友在学校有新的艺术展览或者艺术讲座的时候会收到学校的邀请函。

（三）校友文化：校园文化的重要载体

大学之大源于校友之多。英国首相布莱尔说：“我们剑桥和牛津之所以大，是因为培养了 100 多位诺贝尔奖获得者、几十位英国政治家。”作为文化共同体，校园文化对于学校的建设和发展具有重要的影响。校友文化作为学校校园文化的重要组成部分，正在发挥着越来越独特的作用。作为联结学校和社会的重要纽带，校友文化独树一帜。校友文化与其他文化相比，有其独特的内涵。构建校园文化的重要因素之一的学生毕业后奔赴全国各地，他们从高校走向社会，从学生变成校友，奋斗在社会生产和生活的第一线，积累了丰富的经验，蕴含了丰富的资源。校友是各高校开放办学机制中的重要力量，是学校广开渠道、增强活力的重要途径，是学校不可或缺的办学资源，且其人才荟萃，遍布各行各业，潜力巨大，是学校得天独厚的无价资产。《北京师范大学章程》中提出：学校设立理事会。理事会是学校办学的咨询议事与监督机构。理事会由关心、支持学校发展的海内外各界人士组成，包括学校的举办者、政府主管部门和共建单位代表，学校相关负责人、学术组织负责人和师生代表，资助学校办学的理事单位代表，杰出校友、社会知名人士、专家或企业家代表等。《中山大学章程》中指出：促进校友协助学校开展人才培养、学术研究、学术文化等方面的交流与合作。

校友文化作为校园文化的重要组成部分，是连接学校历史、现在与未来的精神纽带，是凝聚团结广大校友的宝贵财富，是激励广大在校生奋发拼搏的力量源泉，是衡量一所学校魅力、活力、凝聚力以及由此构成的办学水平和教学质量的重要标志，是引导学校建设、发展与改革的新航标。

第五章

章程的生命力在于实施

——怎样推进大学章程的落实

一、如何理解按章程办学将成为高校办学的新常态

党的十八大以来，我国经济、政治、文化、社会等领域呈现出全方位的新常态，而党的十八届四中全会首次以全会的形式专题研究部署全面推进“依法治国”，提出了关于依法治国的一系列新观点、新举措，这对当前深化教育领域的综合改革、推进教育治理体系与治理能力现代化有着重要的指导意义。与此相适应，我国高等教育也呈现出一些重要的新常态，如以质量提升为核心的内涵式发展，在改革创新中释放办学活力，政府宏观管理与社会参与办学等，而如何将依法治国精神充分融入高等教育改革发展过程中是一段时期内我国高校深化体制改革需要积极探索的重要方向。

当前，我国高等教育进入了全面提高质量、推进内涵式发展的新时期，全面深化综合改革进入了攻坚期和深水区，我们既需要用法治巩固发展成果，又需要用法治保障前进方向，更需要用法治激发改革动力。依法治国在高等教育领域最核心、最本质的要求就是以法治思维和法治方式推进大学治理现代化，其关键就是建立以大学章程为纲领的制度体系。这就是说依法治校、按章程办学将成为高校办学的新常态之一。高等学校全面推进依法治校，按章程办学的地位、作用和要求比以往任何时期都更加突出、更加重要、更加迫切。

声音

赵德武（西南财经大学党委书记）：党的十八大以来，我国的经济、政治、文化、社会、生态等各领域呈现出全方位的新常态。与此相适应，我国高等教育领域，也呈现出一些重要的“新常态”——以法治思维推进大学治理现代化成为新常态。全面推进依法治国，迫切需要我们以法治思维和法治方式推进大学治理现代化。我理解，大学治理现代化的核心要义有两条，一是依法治理，二是共同治理。依法治理的关键是建立以大学章程为龙头的制度体系，并保障其有效实施；共同治理的关键是合理确立大学内部不同治理主体之间的权利，协同发挥不同治理机制的作用，共同分担大学的事务与责

任。一所现代大学，必须建立起现代大学制度。

（参见赵德武：《高等教育新常态与教育改革创新》，2015 年 1 月 6 日，《光明日报》。）

大学章程是大学联系政府、社会，以及大学依法自主办学、民主管理和履行大学职能的基本准则，是构建中国特色现代大学制度的重要载体，是“依法治国”基本方略在大学治理中的具体体现。大学章程不是一般的管理制度，它在高校拥有宪法般的效力，它是治校总纲领，在大学发展中起着重要作用。它是现代大学制度的基础，是高等学校依法治校的重要依据，是推动高校科学发展的基本保障。章程在现代大学的制度体系中是必不可少的，没有章程的学校，不是真正意义上的现代大学。

为贯彻落实党的十八届三中、四中全会决定精神，教育部和各地、各高校高度重视高校章程建设工作，将其作为推进高校治理能力和治理体系现代化、深化综合改革、全面推进依法治校的重要任务和核心环节，放在突出位置，采取了一系列切实举措。《国家中长期教育改革和发展规划纲要（2010—2020 年）》明确提出，“各类高校应依法制定章程，依照章程规定管理学校”。2010 年国务院办公厅《关于开展国家教育体制改革试点的通知》中，确定 26 所部属高校为“推动建立健全大学章程，完善高等学校内部治理结构”试点单位。教育部先后制定《高等学校章程制定暂行办法》（2011 年）、《学校教职工代表大会规定》（2011 年）、《高等学校学术委员会规程》（2014 年）、《普通高等学校理事会规程（试行）》（2014 年）等规章，全面贯彻落实中共中央办公厅印发的《关于坚持和完善普通高等学校党委领导下的校长负责制的实施意见》，以完善中国特色现代大学制度，促进高等学校依法治校、科学发展，全面推动高等教育体制改革，指导和规范高等学校章程建设，为高校章程建设提供了制度基础和工作支撑。各高校将章程建设与学校深化综合改革、推进内涵发展的总要求紧密结合，并予以高度重视，学校党委、校长亲自抓此项工作，并在章程制定过程中充分发扬民主、广泛征求各方面意见，促使章程起草成为学校各方共同参与、民主协商、凝聚共识的过程，保证章程内容能够成为学校依法自主办学、实施管理和履行公共职能的基本准则。自2013年11月核准发布包括中国人民大学、华中师范大学在内的6所高校章程以来，截至2015年6月，教育部已先后7批次，核准发布了84所中央部门所属“211工程”高校章程。同时，28所地方所属“211工程”高校章程也全部通过核准。自此，全国112所“211工程”高校章程率先全部完成核准发布工作，高等学校章程建设取得标志性成果，我国高等学校依法治校、按章程办学取得重大进展。

法律的权威在于必行，章程的生命力在于实践，高校按章程办学是依法治国系统工程的重要组成部分。大学章程总结和升华了高等学校制度改革和创新的理论与实践，彰显了学校的办学理念和特色，明确了学校的发展目标和战略，规范了校内各种关系，明晰了领导体制、治理结构、管理模式，规定了教职员工及学生的权利和义务。这些是学校原有经验与成果的凝练，是学校在发展与改革进程中需要坚定不移地推行的东西，是学校的中长期规划、发展、建设的决策依据。大学章程明确规定了学校的内部治理结构，学校实行党委领导、校长负责、教授治学、民主管理的治理结构，规定了重大事项决策和规范性文件制定的程序与机制，学校决策层和各级组织、个人必须严格遵照章程的理念、原则、程序规定办事。按章程办学将成为高校办学的新常态。

按章程办学就是要求各高校要牢固树立依法办事、尊重章程、法律规则面前人人平等的理念，建立起公正合法、系统完善的制度与程序，提高依法管理的能力和水平，推进民主校园、和谐校园、平安校园的建设等。同时，大学章程将成为教育行政部门、高等学校和社会各方共同的观念和行为准则，教育部也应继续

推动高校章程建设，大力推进章程落实与监督工作，推动形成政府依章程管理、学校依章程办学、社会依章程监督和评价的高等教育治理格局。

大学章程一经核准，将成为学校今后发展的指南和宣言。站在新的历史起点上，认识和把握我国高等教育发展的新常态，高校需要进一步解放思想、凝聚共识，努力把思想和行动统一到党的十八大和十八届三中、四中全会精神上来，主动适应经济社会发展的新常态，全面深化综合改革，全面推进依法治校，加快建立中国特色的现代大学制度，加快推进高等教育现代化。

链接

新常态

新常态是“习式热词”之一。习近平总书记在2014年5月考察河南的行程中第一次提及“新常态”。当时，他说：“中国发展仍处于重要战略机遇期，我们要增强信心，从当前中国经济发展的阶段性特征出发，适应新常态，保持战略上的平常心态。”习近平总书记指出中国经济发展的速度、结构、动力方面都发生了显著变化：“从高速增长转为中高速增长”“经济结构不断优化升级”“从要素驱动、投资驱动转向创新驱动”，这是一种趋势性、不可逆的发展状态，意味着中国经济已进入一个与过去三十多年高速增长期不同的新阶段。习近平总书记关于中国经济要适应“新常态”这一重要表述，引发各界的高度关注，越来越多的人用这一概念来分析和解释中国经济以及社会各领域的变化。高等教育领域的发展也呈现出新常态的特点。

二、大学章程修订的流程是什么

要回答“大学章程的修订流程是什么?”这个问题，我们首先需要了解大学章程在大学改革发展过程中的重要性以及大学章程进行修订的必要性等。

在创新驱动发展的时代，大学章程要积极回应变革时代的要求。改革越深入，越要强调法治，越需要制定、实施并适时修订大学章程，树立大学章程的权威，使章程成为全校上下共同遵行的规则，以大学章程来引领改革方向、推动改革进程、保障改革成果。

一方面，大学体制机制创新是变革时代的必然要求，党的十八届三中全会对全面深化改革做出了重大战略部署，吹响了高等教育领域改革冲锋号，大学改革已经进入“深水区”，需要从体制机制上寻找问题的根源和解决方法。随着全面深化改革的推进，政府加快转变职能，政府、社会与学校的关系正发生重大变革，与高等教育事业相关的各个领域，都有可能对既有的制度安排进行重新调整，大学章程的制定需要协调处理好适应与引领、理想与现实、中国特色与国际惯例等关系，外部环境的不确定性需要大学章程紧跟时代发展，适时完善修订。

另一方面，实现大学治理现代化，当前还面临严峻的挑战，还有许多深层次问题需要进一步探索和突破。面对快速发展的高等教育，无论是《中华人民共和国高等教育法》还是大学章程，都难以穷尽和涵盖大学发展的方方面面，大学章程需要以问题为导向，在实践中不断创新，通过大学章程的修订，加快构建科学规范、运行有效的现代大学制度体系，使经过实践探索发展相对成熟的大学管理制度不断与时俱进，逐步健全规范，保障大学科学持续发展。

章程的生命力体现在不断地自我完善上。作为大学制度体系的总纲领，虽然大学章程不应频繁修订，但在变革的时代，大学章程必须与时俱进、自我完善、自我提高，才能永葆旺盛的生命力。大学章程修订的过程，是一个广泛听取政府有关部门、学校内部组织、师生员工意见的过程；是学校举办者、管理者、办学者，以及教职员工、学生充分表达建议与意愿的过程；是统一思想、凝聚共识、促进管理、增进和谐的过程。

2012 年，教育部颁布实施了《高等学校章程制定暂行办法》，这是教育部成立以来颁布的唯一一份关于高等学校内部基本规章制度建设的文件，为大学章程的制定及修订提供了科学的指导及要求。《高等学校章程制定暂行办法》共分为总则、章程内容、章程制定程序、章程核准与监督以及附则五章，从实体和程序两个方面，对高校章程制定的原则、内容、程序以及核准和监督中所涉及的主要问题、主要环节进行了全面规范。

《高等学校章程制定暂行办法》第二十八条、第二十九条规定：“高等学校应当保持章程的稳定。高等学校发生分立、合并、终止，或者名称、类别层次、办学宗旨、发展目标、举办与管理体制变化等重大事项的，可以依据章程规定的程序，对章程进行修订。”“高等学校章程的修订案，应当依法报原核准机关核

准。章程修订案经核准后，高等学校应当重新发布章程。”可见大学章程的修订流程与其制定流程是一致的，这也充分体现了章程的权威性。

为保障章程的严肃性和稳定性，各高校对章程修订都做了严格的设定。《东华大学章程》明确规定：“第七十五条　本章程根据国家政策及法律法规调整和学校发展需要进行修改、补充和完善。本章程的修订程序依本章程第七十四条之规定进行。”“第七十四条　本章程经学校教职工代表大会讨论、校长办公会议审议通过、学校党委全委会审定，报教育部核准后生效。”《华中师范大学章程》第七十九条规定：“本章程的制定和修改须经教职工代表大会和校长办公会议讨论通过，由党委常委会审定，并经校长签发，报教育部核准后生效。”

章程建设是高等学校深化改革、推动发展的难得机遇，章程的修订和执行也注定是一个艰苦探索的改革过程。学校要通过章程修订工作，真正在学校实践发展中建立起既符合法律法规规定，内部治理结构合理、能体现和保护学校改革创新的成功经验与制度成果；又能不断完善学校自主管理、自我约束的体制、机制，反映学校自主办学特色的章程。当学校按照规定的程序，认真走好每个环节，制定出一部符合自身实际的章程时，其所释放的改革活力，激发的发展成果，将是不言而喻的，由此给学校带来的正面效应和积极影响也将是十分深远的。

链接

《高等学校章程制定暂行办法》

第三章　章程制定程序

第十六条　高等学校应当按照民主、公开的原则，成立专门起草组织开展章程起草工作。

章程起草组织应当由学校党政领导、学术组织负责人、教师代表、学生代表、相关专家，以及学校举办者或者主管部门的代表组成，可以邀请社会相关方面的代表、社会知名人士、退休教职工代表、校友代表等参加。

第十七条　高等学校起草章程，应当深入研究、分析学校的特色与需求，总结实践经验，广泛听取政府有关部门、学校内部组织、师生员工的意见，充分反映学校举办者、管理者、办学者，以及教职员工、学生的要求与意愿，使章程起草成为学校凝聚共识、促进管理、增进和谐的过程。

第十八条　章程起草过程中，应当在校内公开听取意见；涉及关系学校发展定位、办学方向、培养目标、管理体制，以及与教职工、学生切身利益相关的重大问题，应当采取多种方式，征求意见、充分论证。

第十九条　起草章程，涉及与举办者权利关系的内容，高等学校应当与举办者、主管教育行政部门及其他相关部门充分沟通、协商。

第二十条　章程草案应提交教职工代表大会讨论。学校章程起草组织负责人，应当就章程起草情况与主要问题，向教职工代表大会做出说明。

第二十一条　章程草案征求意见结束后，起草组织应当将章程草案及其起草说明，以及征求意见的情况、主要问题的不同意见等，提交校长办公会议审议。

第二十二条　章程草案经校长办公会议讨论通过后，由学校党委会讨论审定。

章程草案经讨论审定后，应当形成章程核准稿和说明，由学校法定代表人签发，报核准机关。

纵深阅读

洪煜，郭德红.试论大学章程的修订程序[J].北京教育，2015(3).

三、谁来监督大学章程的实施

《高等学校章程制定暂行办法》第三条明确指出：“章程是高等学校依法自主办学、实施管理和履行公共职能的基本准则。”“高等学校应当公开章程，接受举办者、教育主管部门、其他有关机关以及教师、学生、社会公众依据章程实施的监督、评估。”章程的执行实施需要有力的监督机制加以保障；对大学章程的实施进行监督，可以分为校内监督和校外监督。

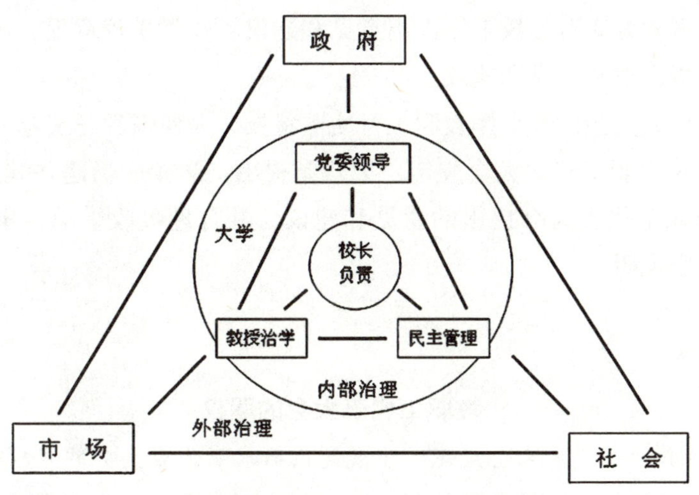

中国特色现代大学治理结构图

（一）校内监督

校内监督的来源包括来自学校基层党委会的监督、来自教职工代表大会的监督、来自学生代表大会的监督、来自理事会的监督等。

1. 来自学校基层党委会的监督

为了加强和改善中国共产党对普通高等学校的领导，高等学校设立党的基层委员会，包括党的委员会及常务委员会。根据2010年修订后的《中国共产党普通高等学校基层组织工作条例》，党的委员会及其常务委员会参与学校章程的制定和监督，坚持社会主义办学方向，依靠全校师生员工推进学校的改革和发展。

《中国共产党普通高等学校基层组织工作条例》

2. 来自教职工代表大会的监督

根据2011年发布、2012年开始实施的《学校教职工代表大会规定》（中华人民共和国教育部令第32号），学校教职工代表大会是教职工依法参与学校民主管理和监督的基本形式；教职工代表大会有权听取学校章程草案的制定和修订情况报告，可通过多种方式对学校工作提出意见和建议，监督学校章程、规章制度和决策的落实，提出整改意见和建议。

教职工代表大会代表全体教职工行使监督权，为保障教职工基本权益提供了基础。《学校教职工代表大会规定》第八条提出：学校应当建立健全沟通机制，全面听取教职工代表大会提出的意见和建议，并合理吸收采纳；不能吸收采纳的，应当做出说明。

链接

教职工代表大会的职权

《学校教职工代表大会规定》中规定的教职工代表大会的职权是：

（一）听取学校章程草案的制定和修订情况报告，提出修改意见和建议；（二）听取学校发展规划、教职工队伍建设、教育教学改革、校园建设以及其他重大改革和重大问题解决方案的报告，提出意见和建议；（三）听取学校年度工作、财务工作、工会工作报告以及其他专项工作报告，提出意见和建议；（四）讨论通过学校提出的与教职工利益直接相关的福利、校内分配实施方案以及相应的教职工聘任、考核、奖惩办法；（五）审议学校上一届（次）教职工代表大会提案的办理情况报告；（六）按照有关工作规定和安排评议学校领导干部；（七）通过多种方式对学校工作提出意见和建议，监督学校章程、规章制度和决策的落实，提出整改意见和建议；（八）讨论法律法规规章规定的以及学校与学校工会商定的其他事项。

教职工代表大会的意见和建议，以会议决议的方式做出。

3. 来自学生代表大会的监督

学生代表大会是代表学生的群众组织，是学校联系学生的桥梁，是学校民主管理和民主监督的基本形式之一，是学生参与民主管理的权力机构，拥有参与学校相关事项的民主决策、实施监督的权利。通过监督大学章程的实施情况，维护学生的合法权益和民主权利，是学生代表大会的职能之一。

接受来自学生代表大会的监督，将学生权益的维护与章程的实施时刻联系在一起，有利于推进章程运行真正为学生服务，为学生的成长与学习谋利益，切实做到“以生为本”，在大学行政中还原教育的本质属性。

4. 来自理事会的监督

学校根据发展需要和办学特色，可自主设置包括来自政府、行业、企事业单位及其他社会组织代表在内的学校理事会或董事会，学校理事会具有监督大学章程实施的权利。

大学是各方利益汇聚的共同体，学校理事会是这一共同体的实际表现，是关联学校与社会的纽带，是学校“走出去”的重要窗口之一。由理事会监督大学章程的执行，有利于协调多方利益，在规章制度的约束下，公平公正地使利益实现最大化，既推动学校的进一步发展，也为社会进步做出更大的贡献。

（二）校外监督

大学在服务社会的同时，也要接受来自社会各界的监督。校外监督包括来自政府的监督、来自教育主管部门的监督、来自媒体的监督、来自广大群众的监督。

1. 来自政府的监督

政府制定社会教育发展战略，优化教育结构，加快教育体制改革，依法管理和规范学校教育和教育事务。

作为公办大学的举办者，政府参与并监督学校章程的起草与实施。接受来自政府的监督，是使学校章程合理化、使大学运作公开化的重要途径。政府对高等学校进行的教育督导是推动学校章程得以依法贯彻落实的保障。

2. 来自教育主管部门的监督

大学章程建设在完善现代大学制度，推动高等学校依法治校、科学发展的过程中具有基础性地位和重要作用，教育行政主管部门除了在核准大学章程时发挥着关键作用，在监督学校章程的实施过程中也担任着不可或缺的角色。

来自教育主管部门的监督主要是指高等学校的教育主管行政部门对高等学校履行章程的情况进行指导、监督，包括对章程中自主确定的不违反法律和国家政策强制性规定的办学形式、管理办法等，予以认可；对高等学校不执行章程的情况或违反章程规定自行实施的管理行为，责令其限期改正。

3. 来自媒体的监督

学校的发展离不开社会的关注。学校的公信力是大学最为关键的资源和竞争力之一，因此，通过大学章程将学校的办学、管理的原则、方法公之于众，让社会了解并监督，是获得社会支持的重要方式之一。

媒体作为社会万象的发现者和报道者，拥有一定的话语权，在社会舆论中起到一定的引导作用，因此，接受媒体的监督是建立大学公信力的途径之一，由媒体监督学校章程的执行也是让社会了解学校运作、获得社会支持的方式之一。

4. 来自广大群众的监督

一切为了群众，一切依靠群众，群众是社会变革的决定力量，群众是大学得以生存和发展的重要支撑。大学运行中所需的部分款项来自国内纳税人，大学的重要组成——学生，来自社会千千万万的家庭……因此，广大群众与大学发展有着密切的联系，学校章程只有接受公众的监督，才能真正做到校务信息公开透明，才能稳固大学根基。

声音

仲伟俊（东南大学高教研究所所长）：公办大学都是用纳税人的钱来举办的，因此，必须接受纳税人的监督和评估。

此外，根据《高等学校章程制定暂行办法》第三十条，高等学校应当指定专门机构监督章程的执行情况，依据章程审查学校内部规章制度、规范性文件，受理对违反章程的管理行为、办学活动的举报和投诉。

四、怎样在校园里弘扬章程精神

大学章程是和谐高校建设的根本制度保障，大学章程的制定与实施关系到高等学校依法治校、自主办学和现代大学制度的建设，关系到高等学校和高等教育的健康、持续发展。然而，大学章程制定本身不是目的，目的在于通过章程制定后的实施过程来促进依法治校、民主办学和大学管理水平的提高。

确保大学章程实施的有效性，关键是要在校园里大力弘扬章程精神，不断营造依章办学的校园环境。要广泛宣传有关大学章程的含义、地位和内容等，特别是要大力宣传制定与实施章程的意义、作用，通过宣传，让全校特别是各级领导干部了解制定和完善大学章程、依法治校的重要性。全校章程意识的树立和加

强，有助于大学章程在学校中的贯彻实施。

大学章程就如同宪法一样，规定的是抽象和一般性的内容，需要具体化，内化为其所涉高等教育关系主体的遵守与执行的意识，如此章程才可能得到准确全面的实施。因此，在实践过程中，依照大学办学活动规律，主要可以从以下五个方面宣传和弘扬章程精神：

（一）向社会和全校公布章程，使章程的内涵和精神深入人心

大学章程具有法律性质，它既是对学校的约束，也是对举办者和主管部门的约束，还是对社会相关主体的约束。弘扬章程精神，首先要通过一定方式向社会公布并予以解读和宣传，使社会知晓大学章程是怎么回事，大学办学的法律依据，大学内部的运行规则，为学校办学创造更好的社会环境。在校内要通过各种媒介宣传章程、解读章程，并对不同层面人员进行培训，使章程的内涵和精神深入人心。

其次，举办者和主管部门在章程实施上要做出表率，切实履行章程规定的义务，切实保障学校办学自主权，切实依法、依章管理学校，切实保证经费投入，切实推进政校分开、管办分离；真正把工作重点转到监督学校依法治校、按章办学上，搞好宏观调控和管理服务，指导和帮助学校协调好与政府相关部门及社会的关系，简政放权，让学校真正按高等教育规律办学。

声音

杨宗凯（华中师范大学校长）：“天下之事，不难于立法，而难于法之必行。”法律的权威在于必行，章程的生命力在于实践。一要加强章程宣传。把章程宣传与学校教学、科研、管理、服务等各项工作相结合，使全体师生知章程、学章程、用章程、守章程。要加紧围绕章程对校内规章制度进行全面清理，建立以章程为基础的制度体系。二要加强执行监督。通过充分发挥纪委、审计、教代会、学代会、政府、家长、舆论等多元主体的监督作用，来推进章程的实施。其前提就是高校要围绕内部权力运行的核心节点、资源配置的关键环节、师生关注的权利义务，全面推进信息公开和办事公开，为内外监督创造必备条件。

（参见唐景莉：《对话六所大学校长：大学章程，究竟意味着什么》,2014年3月18日，《中国教育报》。）

（二）以完备科学的大学内部规则体系对接大学章程，将大学章程的规定深化、具体化

大学章程虽然是大学的“宪法”，具有原则性与概括性，为其他规章制度和大学办学行为提供依据，但是它不是百科全书，无法囊括大学办学的所有内容，它需要通过各种大学内部规章制度予以明确。因此，章程颁布后，学校首先应当以章程为依据，全面清理现有规章制度，进行废、改、立工作，逐步建立起功能稳定、体系完备的校内规章制度体系。例如，对于人才培养的抽象规定，可以由学生学籍管理规定、课堂教学规定、课程考核管理办法、学位授予办法等校内规范予以细化和推进落实。

其次，以大学章程统摄校内规则的统一性与层次性。大学章程之所以能成为大学的“宪纲”，就是因为其地位的根本性和效力的最高性。大学校内规则不仅依大学章程而产生，而且各个规则以大学章程为标准形成完备统一的体系和等级化的制度层次。比如，落实大学章程中关于健全中国共产党高等学校基层委员会领导下的校长负责制的规定，需要大学配套制定大学全委会议事规则、常委会议事规则、校务会议事规则、校长办公会议事规则等层次感强的实施规则和实施意见，统一和规范实体性和程序性权利与义务。实际上，就是编织“校内规则之网”，调整大学内外各种社会关系，以确保办学行为的法治性，以保障师生权力与权力的滥用。

声音

陈雨露（中国人民大学校长）：章程的制定是一个艰难的探索过程，而如何落实好章程要下更大的功夫，甚至更难。学校将重点抓好两个环节，一是抓章程的配套。以章程为指导，进一步清理全校各类规章制度，健全以学校章程为核心的规章制度体系，这个体系一定是详尽的、全面的、具有高度可操作性的，是一套升级版的。二是抓章程的执行。章程制定得再好，不执行、不落实，就是空的。因此，要推进规章制度体系的执行和实施，不折不扣地一条条、一项项落实，推动学校内部治理结构和管理体制的改革，最终推动各项工作的开展和各项事业的科学发展。

张清杰（武汉理工大学校长）：大学章程确定大学办学活动的基本准则，是大学各项规章制度制定的前提和依据，建立与之相适应的学校规章制度体系，制定并实施符合大学章程规定的学校规章制度，保证大学办学自主权合法有效地行使，既是让大学章程真正发挥作用的前提，也是落实大学章程的有效途径。通过大学章程的贯彻实施，完善内部治理结构，建立大学规章制度体系，健全权力监督机制和师生权利保障机制，是形成学术自由、管理科学、民主法治的文化氛围，保障大学依据章程自主办学的关键点。

（参见唐景莉：《对话六所大学校长：大学章程，究竟意味着什么》，2014 年 3 月 18 日，《中国教育报》。）

（三）合理配置大学内部权力，使大学章程分配的权力有序运转

现代大学制度的微观层面是大学内部治理结构的完善和改革，最简单的表述形式是“党委领导、校长负责、教授治学、民主管理”。大学章程作为大学治理的总纲，本质上来说是分配大学治理过程中主体的权益，赋予利益主体明确性权利，规定履职主体的确定性义务，通过权利与义务的双向机制，合理有效地分配各种利益。通过权力在大学管理与学术活动中的合理配置，使大学章程确定的权力能够在大学运行中实际发挥积极作用，从而让大学章程的合法性形式在权力的有效运行中能达到实质上的合理性。

图解《华中师范大学章程》
治理体系
党委领导制下的校长负责制
党代会
选举　产生
党内监督
纪律检查委员会
中国共产党华中师范大学委员会
学校党党委议事决策机构
全委会
常委会
学校的领导核心，统一领导学校工作，支持校长独立行使职权
工会
维护教职员工的合法权益
共青团
组织、引导、服务青年，维护青年权益
学生会
自我服务、自我管理、自我教育、自我监督的学生团体
民主党派
按各自章程开展活动
学校法人代表，行政主管主要负责人，负责执行党委决定的相关事项
学校行政议事决策机构
校长
校长办公室会议
副校长
总会计师
监督与审计
行政部门
学院
研究所、中心
教学研究机构，具体组织实施人才培养、科学研究、社会服务和文化传承创新等职能，在学样授权范围内实行自主管理
民主管理
教职工代表大会
参与学校民主管理和监督
学生代表大会
参与学校民主管理
民主党派成员
无党派人士
社会团体成员
参与学校民主管理、民主监督
理事会
学校高层次办学咨议机构
咨询委员会
服务学校管理决策的咨询机构
教授治学
学校最高学术机构，统筹行使对学校事务的咨询、评定审议和决策权
学术委员会
学院学术委员会
根据校学术委员会的授权或者各自章程开展工作，向校学术委员会报告工作，接受校学术委员会的指导和监督
专门委员会
教师聘任
教学指导
科学研究
学科建设
学术道德

图解《华中师范大学章程》——治理体系

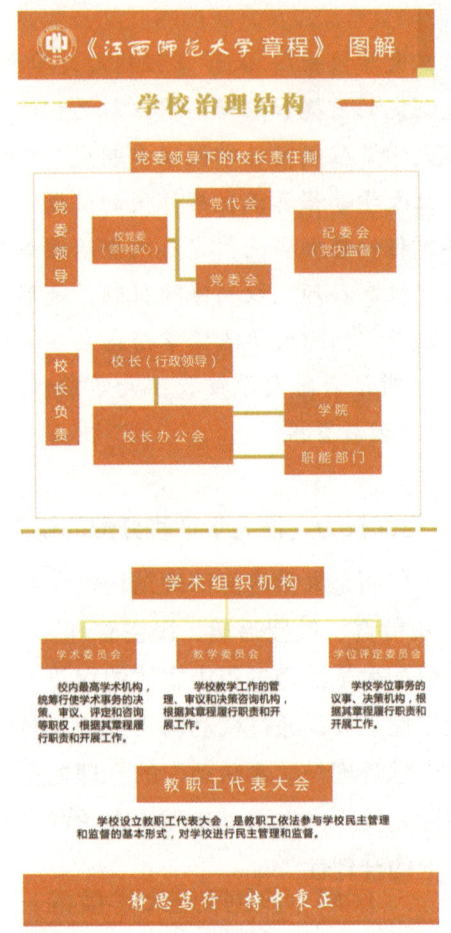

（四）通过内部解纠机制，以权利救济和行为评价形式确立大学章程的权威

对于大学内部涉及师生权利的纠纷，以及举办者与学校间的纠纷，解决的途径往往有三种形式，一是诉讼，二是协商，三是内部裁决。采用诉讼形式时，法院在司法过程中，对于具体案件的事实认定会参考行为的现实表现，着力考量大学章程的具体规定以及下阶位的规章制度，并以此作为判决的依据之一加以适用，从而保障权利人的基本权利。这是大学章程实施最直接的表现，也是实现章程目的与功能的积极形式。协商和内部判定属于大学内部主体的行为，与司法有很大的区别，其确定性与效力有所降低，但丝毫不会影响大学章程的实施。

依照大学章程的规定，大学管理者开展办学活动，大学师生享有权利、履行

义务，在纠纷产生后，可以凭借大学章程或者章程下的规范体系进行相互协商，并以此作为协商结果的依据而达到定纷止争的效果。而内部判定的解决纠纷机制，在地域效力上适用于大学内部，在对事效力上适用于大学内部事务，在对人效力上适用于隶属于该大学的全体教职员工和学生①，做出判定的往往是大学内部的管理者和学术权力享有者，他们对于大学成员的行为的认定以及判定的依据与诉讼一样遵从大学章程及规章制度的规范化规则，同时会按照规范确定的程序进行。大学章程在解决纠纷的过程中实现了对正当权利的保障，从而获得确定性的权威与价值。

（五）培育理性的大学章程意识，促使大学章程得到管理者与师生的实际遵从

章程意识应该是一种特定的意识形态，是举办者、管理者与师生对于大学章程的主观把握。大学章程意识可以是个体的也可以是群体的；可以是关于章程的知识与评价也可以是情感和意志的表达。培育理性大学章程意识，就是在这些主体的知、情、意、行中培养对于大学章程充分理解基础上的价值信念与思维定式。

现代法治的本质是权利保障与权力制约。对于大学举办者与管理者来说，要牢固地确立自身决策权与管理权来源于法律和大学章程的授权的观念。权的合法性要求行使权也要具备合法性。弘扬章程精神需要大学权行使者遵从大学章程，排斥任何形式的权力滥用和恣意妄为。对于大学教师与学生而言，是大学章程确认了他们的权利，同时给予制度和程序上的保障，因此，在工作与学习过程中，均应当履行好自己的义务以保证实现自己的权利。这种渗透在制度与日常行为中的权利与义务的互动机制，能有效保证大学成员遵从大学章程。

大学章程的实施意味着大学由人治转向法治，高校领导尤其要严格依章办事，只有依法管理、科学管理，才能树立起法律的权威。同时要增强师生员工对大学章程的认同感和参与意识。因此，弘扬章程精神不能靠强制，自觉遵守依赖于各主体对大学章程价值的认同和信赖，使他们明白自身所享有的权利和义务，当大学各个利益主体积极主动参与大学章程建设的全过程时，大学章程才能最终内化为大学利益主体的自觉行动。

---

① 熊庆年，吴云香.大学章程中师生权利的规定性[J].复旦教育论坛，2013(11).

链接

“遵章办学”让高校发展回到正轨

高校章程之于高校本身，无疑有着“基本法”的地位，作为社会法律与大学制度衔接的有形规范性文件，章程的制定将促使高校自身更好地界定高校内外各种利益主体间的权责关系，并以“宪章”的形式予以规定，如此不仅让高校办学之事有法可依、有章可循，亦可让事关高校发展的各类行为规范的落实变得有的放矢。可以说，大学章程是高等学校依法自主办学、实施管理和履行公共职能的基本准则。在章程明确的一系列“基本法”内容框架内，高校还应当以章程为依据，制定内部管理制度及规范性文件、实施办学和管理活动、开展社会合作。因此，尽快促成高校将章程付诸实践显得至关重要。一旦全国高校能够在各自章程明确框架内行事，遵章办学也将成为高校办学常态，届时，我国高校将回归到遵循高等教育发展规律且符合现代化高等教育体系建设要求的轨道上来。

（参见李海楠：《高校章程将成遵章办学新起点》，2014 年 10 月 14 日，东方财富网。）

五、为何章程权威要靠你我他维护

在我国社会转型的关键时期，要避免大学章程成为“一纸空文”，建立起符合世情、国情、校情的大学章程制度，需要国家、社会、学校、个人等多元主体共同参与、互相监督，如此才能真正发挥章程的治校功能。

（一）国家层面：大学章程的长期缺失、法律效力的不足要求不同主体共同维护章程权威

就国家层面而言，大学章程的长期缺失、法律效力的不足给大学章程权威的建立及维护带来了极大的考验，仅靠个别单位、个别个体是难以在短期内构建起符合我国社会发展的大学章程的。围绕大学章程连续出台了一系列政策法规，这些法规也对高校章程制定的原则、内容、程序、监督等环节发挥了重要的规范作用，但纵观我国现有大学章程的制定及实施现状，仍存在许多问题。一方面，我

国目前高等教育法律制度未能以明确的法律形式确定包括公立大学在内的高等学校章程的法律效力，特别是现有公立大学章程大多未能明确界定作为投资者的政府与举办者的学校之间的权利和义务，致使章程的法律效力一直没有从根本上得到解决。相关法律法规的缺失与模糊反映了一个问题，即我国大学章程建设还没有引起有关方面的充分重视，这严重降低了大学章程的权威性，从而导致高校对大学章程的执行力度下降。另一方面，由于公立大学使命的特殊性及教育体制改革的局限性，现有学校章程涉及许多内容时多“点到为止”，甚至“避而不谈”，使得章程在“规范”各主体权利与义务方面无任何约束力可言，从而大大影响了章程权威的维护及章程内容的落实。鉴于此，为保障章程实施的权威性，国家作为章程起草的首倡者应积极出台具有实际法律效力的法律法规，对处于起步阶段的高校进行法律引导，对处于实施阶段的高校进行法律约束，进而搭建一个结构完整、节奏紧密的章程实施环境。

声音

大学章程要有“学校宪法”品格

姚俊廷（山西师范大学政法学院副教授）：宪政体现为法治基础上的权力限制和权利保障。民主、法治和人权是宪政的基本要素。尽管大学章程是“学校宪法”的说法只是一个形象化的类比，但宪政所具有的限权、维权和法治理念，对学校章程制定与运行仍具有重要的借鉴意义。一要厘清学校内部不同决策主体的权限范围，防止权力的错位、越位；二要控制行政权力，弱化高校治理中的行政化倾向；三要保障师生权益，尤其是民主管理中的参与表达权；四是“规则之治”让大学章程离“学校宪法”的要求更近。

（参见姚俊廷：《大学章程要有“学校宪法”品格》，《教育》，2013年第14期。）

（二）学校层面：全国高校章程内容的多样性及差异性增加了章程权威统一的难度

就学校层面而言，大学章程制定的依据不仅包括法律依据、国际经验依据及国内实践依据，还包括“以校为本”的校本依据。由于不同学校所处的地理及文化环境、相异的发展历史、面临的现实问题、未来的办学方向均存在明显差异，大学章程的制定必须基于“以校为本”的发展理念和策略，如此便形成了全国各大高校形形色色的大学章程，在这种特殊的现实背景下，如何能在国家相关政策规定的基础上，提升各个高校章程的权威性和实施力度成为关键议题。我们知道，大学章程的校本依据是章程制定的关键立足点，对于校史的挖掘、校情的了解是大学章程制定的基础性工作，它需要全校师生的参与，任何一个个体都无法承担起树立章程权威的重任。大学章程为大学而生，为管理内部的各种关系而制定，如果章程的调整对象无法明确自身的各项权利和义务，就根本无法约束和调整自己的活动。

我国内地现有普通高校2553所，分属不同的地区、部门，办学历史、文化和发展特色有很大差异，而现阶段经教育部核准的大学章程正是结合高校自身的发展历史、特色而生成的，在法律效力不足的现实条件下，章程的实践性和可操作性就很难在众多高校中得到统一，这在一定程度上将对章程的可信度和权威性带来不利影响。此外，大学章程是高校治理的依据，保持其持续性、稳定性是非常关键的。目前的大学章程都是高校自行制定的，由于制定程序的简易性、内容的不可操作性以及较低的效力，变动也很频繁。因此，作为大学章程权威树立的关键主体，高校自身必须起到不同主体在章程实施过程中沟通的桥梁作用，高校不仅要在教育部相关政策的指导下，求真、务实地制定好符合本校发展理念和发展前景的大学章程，还要加强大学章程的宣传力度，利用大学里的各种文化基础设施，如广播、网络、报刊、文化窗等树立教职工及在校大学生的“章程意识”；同时，各高校还要适当地增加“违反大学章程责任”的内容，使之从侧面对教职工及在校大学生起到激励和引导作用。

大学章程的差异性反映出其权威统一的难度

教育部核准颁布的15所大学的章程，既有相当多的共性，同时也各具风格。仅以学校治理结构的健全和完善为例，每个学校的具体表述都有不同。这里仅列举比较突出的几个方面：清晰阐释学校使命与愿景，如上海交

通大学、中国人民大学、同济大学、上海财经大学等校在章程的引言或专章中凝练了使命陈述、核心价值和办学理念；明确教职工和学生权益保障机制，如东南大学章程注重凸显教职工和学生的发展权、知情权、批评建议权等实体性权利，明确他们的申辩权、申诉权以及权利救济等程序性权利，在章程的结构设计上，将教职工和学生的责权利规定置于学校组织机构之前，凸显学校办学以师生为本的理念；在学院治理方面进行了积极探索，如上海交通大学等高校对学院党政联席会议制度进行了明确规定，东华大学章程明确将学院党政联席会议作为学院的决策机构，对学院层面的学术管理进行了规范，着力改变学院层面过去学术委员会、学位委员会和教学委员会“三足鼎立”的状态，将三者统一为一体，组建成学院“教授委员会”，提高了院系学术问题的决策效率；对大学的外部关系进行了深入界定，如武汉理工大学着力构建特色高水平大学制度体系，加强建材、交通、汽车三大行业和社会广泛参与的民主管理与监督制度建设等；明确办学特色和规模。

（参见姜斯宪：《变革中的大学章程》，2014 年 8 月 4 日，《光明日报》。）

（三）个体层面：章程起草主体的特殊性要求每个个体自觉践行章程内容、维护章程权威

有学者指出，国外大学章程执行力的模式基本分为两种：一是行政外推模式，即强调政府行政力量在大学章程制定和执行过程中的主导作用；二是组织内生模式，就是除政府行政力量以外的其他利益相关者作用的发挥。结合我国大学章程的制定、实施现状可以明显看出，现阶段大学章程的推动力主要来自国家、政府、学校等行政外推力，而来自大学教师、学生、行政人员等内部执行主体的力量尚显不足，此外，在章程制定过程中，不论是作为发起者的国家还是制定主体的高校，都没有充分认识到学校外部诸如政府行政代表、社会精英、校友代表及工商企业代表等社会主体的力量，事实上这种组织内生模式在章程的执行过程中会起到很好的信息反馈和动态监督作用。

目前，尽管国内少数公立大学制定了章程，但由于其地位及法律效力等问题未能得到很好的解决，致使已制定的章程不仅未能在大学管理制度中产生出应有效力，而且这种“束之高阁”的效应严重影响了我国公立大学章程建设的进程。

要打破当前大学章程制定主体单一、执行力度有限、章程权威不足的困境，作为章程制定主体的学校要在大学章程中突出大学利益主体对大学发展的参与，其中涉及“谁”“权责划分”“所占比重”等诸多问题，都是影响大学章程执行力的主要因素。因而高校要在明确说明学校各部门、组成人员、权责划分、程序合法性以及沟通监督体制的基础上充分调动其积极性，引导不同利益主体主动参与到大学章程起草、制定、执行、落实的过程中来。在这种“多元一体”的组织内生模式的推动下，相较于单一的行政外推模式，章程权威的树立和维护必定能取得前所未有的进步。

图说

《华中师范大学章程》微览——民主管理模块

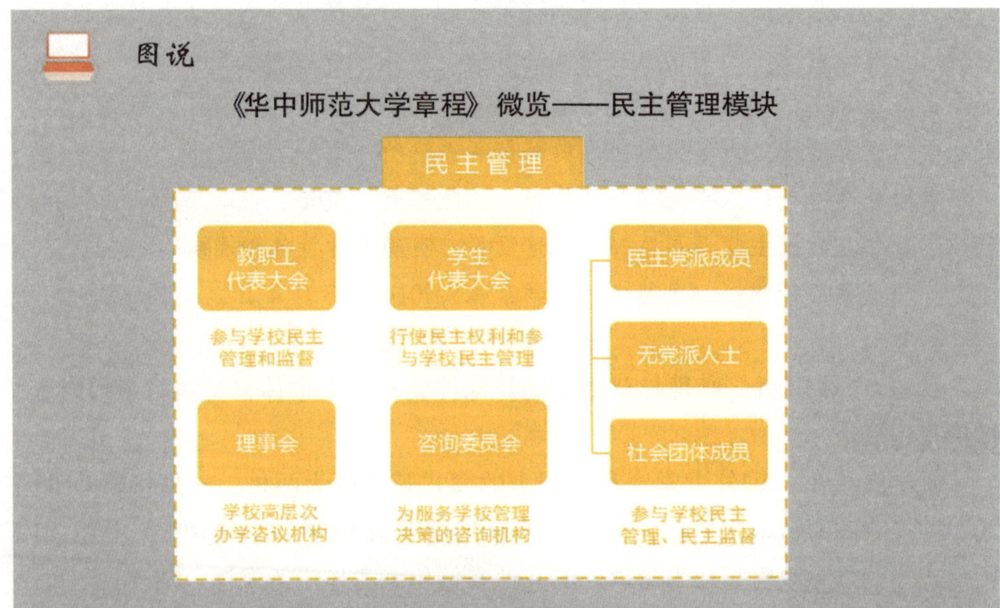

在高校的治理体系中，民主治理模块不容小觑，尤其是在大学章程的实践过程中，要以人为本，依法办学，尊重和保障不同参与主体的权益，积极拓展民主管理渠道，特别是师生在学校管理中的知情权、参与权、表达权、申诉权和对学校行政的监督权；规范权力运作，防止行政权力不作为、乱作为对师生权益造成的可能侵害。

例如，教职工代表大会是保障教职工参与民主管理，维护教职工合法权益的重要组织，是教职工意见、建议和各种诉求得以表达的重要平台。健全和完善教职工代表大会制度，使教职工代表大会的作用真正发挥出来。工会、学生会等社团组织，是制约学校行政权力可能造成侵害的第三方力量。

这些组织应在各自的职责范围内，积极组织其成员依照各自章程、依照法律和有关规章制度参与高校的民主管理，维护其成员的合法权益。

声音

高校章程的落实并非一人之力

邵鸿（全国政协常委、副秘书长）指出，落实高校章程，不仅需要上上下下在思想上真正树立起依章治校的观念，而且需要上级行政部门的检查推动，更需要校内师生员工和社会的促进监督。作为中国根本政治制度实体和最高权力机关的人民代表大会，应在大学章程的制定、审批和实施保障与监督方面发挥基本作用。

（参见贺迎春：《高校章程发布只是万里长征走完第一步》，2014年10月12日，人民网。）

尽管不同高校的章程内容存在一定差异，在执行方式上也不尽相同，但只要在国家统一法律法规的引导下，在学校各具特色的章程内容的约束下，在多元主体主动践行、认真执行的动力下，随着大学章程制度的进一步完善，大学章程的权威一定会有飞跃性的提升，我国的章程发展现状也会得到较大的改观。

纵深阅读

王春业.论我国公立大学章程的法律效力及其实现途径[J].清华大学教育研究，2014(4).

附　录

一、章程建设理论探讨

二、高校章程文本点读

三、《高等学校章程制定暂行办法》

一、章程建设理论探讨

章程，大学依法治校的重要基石

华中师范大学校长 杨宗凯

大学章程之于大学，如同宪法之于国家。作为学校的根本大法，大学章程是大学得以存在和运作的最为重要的规则，也是大学依法治校的重要基石。推进章程建设，要厘清以下几个问题：

大学章程，究竟意味着什么?

“制度是学校一切工作的灵魂。”制度建设具有全局性、根本性、稳定性和长期性。深化高校管理运行改革，建设中国特色现代大学制度，已成为促进学校内涵发展、提升办学质量的新红利。而章程正是推进现代大学制度建设的切入点和突破口，大学治理的一般规律需要经过各利益相关方广泛参与、充分讨论达成共识，并通过章程使其稳定和规范下来。因此，章程作为学校的总宪章，是大学治理理念、治理结构的集中体现，是调节学校内外关系的基本准则，是学校接受监督、进行自律的基本依据，也是学校明确办学方向、凸显办学特色、巩固改革成果的重要保障。

落实章程，面临着什么难题?

章程建设是一个庞杂的系统工程，困扰和难题是难免的。一个是思维惯性的问题，大家在没有章程的情况下，依靠经验惯性运行了很多年，因此，章程制定实施的过程就是从经验到法治的转换过程，这个过程的转变是比较难的，需要领导班子的高度重视，也需要全校师生的拥护支持。一个是章程特色的问题，“千校一面”的章程要极力避免，一定要体现办学特色，吻合学校实情，凸显自身个性，这个也值得深入思考。一个是利益整合的问题，章程制定实施的过程也是充分体现协商民主和法治精神的过程。

大学章程，怎样真正发挥作用?

“天下之事，不难于立法，而难于法之必行。”法律的权威在于必行，章程的生命力在于实践。一要加强章程宣传。把章程宣传与学校教学、科研、管理、服务等各项工作相结合，使全体师生知章程、学章程、用章程、守章程。要加紧围绕章程对校内规章制度进行全面清理，建立以章程为基础的制度体系。二要加强执行监督。通过充分发挥纪委、审计、教代会、学代会、政府、家长、舆论等多元主体的监督作用，来推进章程的实施。其前提就是高校要围绕内部权力运行的核心节点、资源配置的关键环节、师生关注的权利义务，全面推进信息公开和办事公开，为内外监督创造必备条件。

面向未来，怎样进一步扩大高校自主权，切实推进高校依法治校、依章程自主管理?

这个问题需要辩证地看。权力是把“双刃剑”，用得好就有利于学校发展，用得不好，权越多越麻烦。因此，一方面政府要转变职能，下放权力，另一方面学校要依法自律，用好权力。当前，章程的出台为学校依法办学、自主管理创造了很好的条件，我们将严格落实学校章程，加快完善内部治理结构，处理好政治力、行政力、学术力与民主力的关系，建立健全决策权、执行权、监督权既相互制约又相互协调的权力结构和运行机制。同时，政府要进一步简政放权，明确管理权限和职责，改变直接管理学校的单一方式，综合应用立法、拨款、规划、信息服务、政策指导和必要的行政措施，依法行政、依法治教，支持和保障学校按照章程自主管理。

（参见唐景莉：《对话六所大学校长：大学章程，究竟意味着什么》，2014年3月17日，《中国教育报》。）

大学章程与依法治校

江西师范大学校长　梅国平

大学章程之于大学，如同宪法之于国家，它是学校的根本大法，上承国家法律法规，下启学校规章制度，对于学校完善现代大学制度、推动事业科学发展具有重要意义。

（一）为什么要制定《章程》

大学《章程》不是个新事物。从西方来说，大学章程是大学合法性的重要来源，构成了依法治校的制度基础。美国耶鲁大学1795年制定的学校《章程》，一共61条，对其内部组织机构和职权运行做了很详细的规定。柏林大学《章程》1817年颁布，它不仅奠定了柏林大学的法律基础和组织架构，而且形成了现代大学制度的基本框架。

从中国来说，大学章程也不陌生，1862 年的《同文馆章程》可以说是中国西式高等学校最早章程，当然也有人说 1901 年的《山东大学堂章程》是中国最早的大学章程。清朝洋务派兴建的新式学堂均有章程，比如 1881 年《天津新设水师学堂章程》、1902 年《钦定京师大学堂章程》、1912 年《北京大学章程》、1921 年《东南大学组织大纲》、1927 年《清华学校组织大纲》。

大学《章程》也可以说是个新东西。新中国成立后相当长的时间里，我国实行高度集中的计划经济体制，对高等教育也同样实行高度集中的计划管理模式，大学缺乏必要的自主权，所以大学章程建设也一直没有列入议事日程。此前，我国绝大部分高校都没有章程，虽然有少数大学有章程，但也因其不具太强的约束力，实际上没有发挥太大作用。

那么，为什么现在要制定大学章程呢？主要是因为有这样“三个要求”：

一是时代要求，即时代对高等教育的要求。和早期大学不同，现代大学已经是一个规模庞大的体系，机构复杂、事务繁多，与政府和社会联系也愈加紧密，除学术权力外，政治权力、行政权力、民主权力等也在其中迅速彰显。大学的治理与发展，需要各利益相关方广泛参与、充分讨论并达成共识，最终以章程的形式使其稳定和规范下来，成为学校依法自主办学和良性发展的坚实保障。而且，我国市场经济地位的确立和改革开放的深入，也要求高等教育实施综合改革，完善大学内部治理结构，提升大学内部治理能力，强化大学四大职能，以满足和支撑经济社会的快速发展需要。

二是国家要求，即国家对高等学校的要求。作为公立高校，其章程制定的主导权在国家。而随着我国经济社会的改革发展，1995 年《中华人民共和国教育法》和 1998 年《中华人民共和国高等教育法》均提出了大学要制定章程的要求。近年来，随着依法治国方略特别是法治中国建设的推进，政府对大学制定《章程》的要求越来越迫切！2010 年 7 月，国务院发布《国家中长期教育改革和发展规划纲要（2010—2020 年）》，明确提出要加快高校章程建设。2011 年 11 月教育部下发《高等学校章程制定暂行办法》（教育部令第 31 号），2012 年又遴选了一批章程建设试点高校，并在 4~5 月份连续在全国范围内召开了四次“高校章程制定研讨培训班”，以推动高校章程制定工作。2013 年 9 月，教育部发布《高校章程建设行动计划（2013—2015)》，对全国高校的章程制定工作提出了明确要求和具体的时间表，要求“985”高校在 2014 年 6 月完成章程起草，“211”高校在高校在2014年年底完成章程起草，所有高校要在2015年年底完成章程起草发布。因此，大学章程制定工作在全国各类高校全面迅速铺开。

三是自身要求，即高校对自身发展的要求。面对快速变化的社会需求，高校承受着巨大的发展压力和竞争压力。但传统的高等管理体制，束缚了高校的办学自主权和自我发展能力。我们常说的一句话，就是“戴着脚镣跳舞”。而大学章程作为现代大学制度的基础，高校依法治校的依据，科学发展的保障，对高校外争办学自主权、内提治理能力有着特殊的作用。为此，大学也有制定章程的强烈冲动，以期通过制定《章程》，争取更多的办学自主权和自我发展空间，推动建立中国特色的现代大学制度，更好地巩固学校改革成果、加快事业发展。

（二）学校《章程》说了些什么

《江西师范大学章程》（以下简称《章程》）由序言、正文、附件构成，共66条，9546字。序言部分主要介绍了我校历史沿革和《章程》制定的主要依据，附件则包括附件一校徽图案、附件二校歌歌谱。正文包括总则、权利与义务、学生、教职工、职能与理念、组织与机构、财务与资产、学校与社会、文化与标识、附则等十章。

一是明确规定了学校的核心使命即人才培养。无论大学怎么转型、社会怎么发展，“育人为本、发展学术、服务社会、传承文化”，这四条是大学永远不能丢掉的金科玉律，也即大学四大职能、四大使命。但其中，第一位的、核心的使命只能是人才培养，这也是大学区别于其他机构的根本所在。造就学生是大学立校办学之根本。所以，我们在章程制定中，始终突出人才培养的中心地位。比如，第5条明确提出学校以人才培养为核心，履行科学研究、服务社会和文化传承创新等职能，这就将当下大学四大职能进行了适当区分，明确了人才培养的中心地位。在第五章职能与理念中，对此也进行了阐释强调，比如第23条提出，学校以人才培养为中心，以促进师生发展为根本；第26条提出，学校树立以“学”为中心的教育理念，等等。

二是明确规定了学校主要利益相关者的权利主体地位。当前我国高校主要的利益相关者，大体上可以分为两个层面，一个层面是学校和外部利益相关者，例如学校和举办者、主管者，举办者是省政府，主管者是教育行政部门——江西省教育厅。《章程》第3条、第7条、第8条、第9条、第28条、第29条、第30条，明确了学校，以及举办者、教育行政部门的权利和义务，等等。另一个层面是学校内部利益相关者，主要包括学生、教师和管理者。《章程》中把人才培养作为学校的根本任务和核心使命，这就蕴含了“学生中心，教师主体”地位。《章程》在序言中也强调要保障学生和教职工的合法权益，并且在结构安排上将学生和教职工单列2章置于总则和学校的权利与义务之后，具体规定学生和教职工的权利义务，并对学生和教职工的知情权和民主参与、管理、监督权利进行了详细描述，还特别提出要建立学生权利保护机制，建立重大事项会议列席、听证、座谈和新闻发布制度，鼓励和支持学生参加学校的民主管理，突出了学校对学生中心地位和教师主体地位的尊重与保护，贯彻了“以人为本”的办学理念。

对学校的管理者而言，关键是要营造能产生学者、引进学者并能使这些学者一心向学、潜心育人的制度环境和人文氛围，这是落实教师主体地位的两个基本途径和检验尺度；要建设高水平的课程体系并营造良好的成才环境，这是落实学生中心地位的两个基本途径和检验尺度。对此，《章程》特别提出要设立教学委员会，并在第13条、22条、27条、34条、61条强调学校要围绕育人目标，加强精神文化、学术文化、制度文化和环境文化建设，营造良好的育人环境、学术环境和创新环境，等等。《章程》中也对学校的管理者明确了相应的约束机制，比如第30条、第38条强调学校要建立办学信息公开、办学行为监督的体系和机制，要发挥教职工代表大会的民主管理和监督作用，等等。

三是明确规定了学校的内部治理体系。从横向来看，章程进一步明确了党委领导、校长负责、教授治学、民主管理的学校治理结构，以期建立形成以党委领导下的校长负责制为核心，以学术委员会、教职工代表大会、理事会为支撑的现代大学制度整体框架。第35条明确指出，学术委员会是校内最高学术机构，统筹行使学术事务的决策、审议、评审和咨询等职权。第36条还特别提出要设立教学委员会，作为学校教学工作的管理、审议和决策咨询机构；第55条提出要成立学校理事会，作为学校决策咨询机构。这些将使我们的内部治理结构更加完整和完善。

从纵向来看，章程进一步明确了校院两级管理的内部治理模式。第41条明确指出，学校实行校院两级管理体制，充分、合理地对教学和研究机构进行授权，激发办学活力；第42条指出，学院在学校授权范围内实行自主管理，具体行使9大职权，包括人才培养、教学科研、社会服务等活动的组织开展，规定范围内内部机构的设置、调整和撤销；教学科研、其他专业技术、管理和工勤技能等岗位人员的聘任和管理；拟订本学院教职工的绩效考核、奖励及分配方案等；第45条明确了学院重大事项实行党政联席会议决策制度；第46、47条要求学院要设立学术分委员会或教授委员会，成立二级教代会履行相应职责，等等；总体来说，学校章程遵循现代大学办学治校规律，因应现代大学制度构建要求，在对近年来学校围绕内部治理结构、人事制度、人才培养模式、校院两级管理体制改革等实践成果进行凝练固化的基础上进行顶层设计，初步明确了符合学校实际的现代大学制度框架体系；另一方面也主动考量未来发展趋势，只对涉及学校办学治校的重大问题作了原则性的概括要求，没有对具体管理过程和运作细则进行详尽规定，保持了章程内容的必要弹性，为章程的配套制度体系预留了空间。

（三）如何实施好学校《章程》

与先有章程后有大学不同，我们是先有大学，而且办了很多年以后再补章程。从章程本义来说，它是有对外和对内两个方面的功能，对外是协调学校与政府和社会的关系，对内是优化学校内部治理体系。但实际上，我们的章程更多的是对学校内部治理体系的完善。所以，制定章程难，而落实章程则更难。

“天下之事，不难于立法，而难于法之必行”。法律的权威在于必行，章程的生命力在于实践。学校《章程》的核准颁布只是第一步，如何切实有效地、可持续性地保障《章程》的贯彻实施则是更为艰巨和长期的任务。

一是要加强《章程》学习宣传。要通过辅导报告、权威解读、主题学习、媒体讨论等形式多样的学习宣传活动，让广大师生深刻领会、准确把握《章程》的条文内容、制度安排、核心要义和理念精神，明晰章程的重大作用，维护章程的权威地位，遵守章程的相关规定，在全校形成自觉学习《章程》、遵守《章程》，依章治校、按章办学的良好氛围。

二是要健全《章程》配套制度。健全《章程》配套制度体系，是学校《章程》落地生根、真正发挥作用的有力保障。我们要对照《章程》，对学校的规章制度进行一次系统清理，积极开展“废改立”工作，围绕章程制定一系列相互衔接和配套的规章制度，形成根本制度稳定、基本制度完备、具体制度配套的校内规章制度体系，构建用制度管权管事管人的长效机制。

三是要抓好《章程》具体落实。学校章程被依法核准后，尊重章程、照章程办事、依章程管理，应该成为全校师生的共同观念和行为准则。《章程》中明确规定的一些条款内容，比如第六章“组织与机构”中教学委员会的章程制定和组成运作、第八章“学校与社会”中理事会的成立，以及党委会和校长办公会议事规则的修订等等，都需要我们进一步切实加以落实。

四是要加强《章程》执行监督。要把《章程》实施情况作为信息公开的重要内容，针对内部权力运行的核心节点、资源配置的关键环节、师生关注的权利义务，全面推进信息公开和办事公开，主动接受教育主管部门、社会公众、师生员工的监督。要充分发挥纪委、审计、教代会、学代会、政府、家长、舆论等多元主体的监督作用，建立外部与内部检查相结合、定期与随机检查相结合、常规与专题检查相结合的监督检查制度，确保《章程》实施。

总之，要通过对学校《章程》的宣传贯彻，牢固树立依法办学治校的意识，切实提高学校自主管理、自我发展和自我约束的能力，充分激发学校的办学活力，有效增强学校的发展动能，将学校建设成为一所特色鲜明、全国一流的高水平师范大学。

二、高校章程文本点读

华中师范大学章程

序 言

华中师范大学是在 1903 年创办的文华书院大学部（始于 1871 年创办的文华书院，1924 年改名为华中大学）、1912 年创办的中华大学、1949 年创办的中原大学教育学院的基础上，1951 年组建公立华中大学，1952 年改制为华中高等师范学校，1953 年定名为华中师范学院，1985 年学校更名为华中师范大学。2005 年，被确定为国家“211 工程”重点建设的高等学校。

学校以教师教育特色鲜明的高水平大学为办学目标，以“以生为本、以师为先”为办学理念，以“一流的文科、高水平的理科、有特色的工科”为学科发展战略，以“忠诚博雅、朴实刚毅”为大学精神，着力培养引领教育发展的未来教育家以及推动国家、民族与社会发展进步的领导者和精英人才。

第一章 总 则

第一条 为实现学校办学目标，规范办学行为，保障师生合法权益，建立现代大学制度，依据《中华人民共和国教育法》《中华人民共和国高等教育法》以及《高等学校章程制定暂行办法》等法律和规章，制定本章程。

第二条 学校名称为华中师范大学（中文简称为“华中师大”，英文译名为 CENTRAL CHINA NORMAL UNIVERSITY，英文名称缩写为 CCNU），法定住所地为湖北省武汉市洪山区珞喻路 152 号。

学校为非营利性教育事业单位，由中华人民共和国中央人民政府出资举办，主管部门是中华人民共和国教育部。

学校的设立、分立、合并以及终止，需经教育部审批。

第三条 学校具有独立法人资格，依法享有办学自主权。

校长是学校的法定代表人。

第四条 学校坚持社会主义办学方向，以人才培养、科学研究、社会服务和文化传承创新为基本职能，实施高等教育，不断拓展继续教育，积极开展中外合作办学。

学校的高等教育包括学历教育和非学历教育，采用全日制和非全日制两种教育形式。其中全日制学历教育是学校的主要教育形式。学历教育以本科生和研究生教育为主。

学校根据实际需要依照法律和国家有关规定，确定和调整教育修业年限。

第五条　学校根据国家需要和办学实际，依法设置和调整学科、专业，保持适度的办学规模。

学校的学科专业设置涵盖哲学、经济学、法学、教育学、文学、历史学、理学、工学、农学、管理学、艺术学等学科门类。

第六条　学校依法颁发学业证书和学位证书。

学校执行国家学位制度，依法授予学士、硕士及博士学位。

学校可以依法向为社会发展和人类文明进步做出突出贡献的杰出人士授予名誉博士学位或其他荣誉称号。

第七条　学校的校训为“求实创新、立德树人”。

第八条　学校建设“博学、博雅、博爱”的校园文化，积极发挥文化育人功能。

第九条　学校校徽包括徽志和徽章。

学校徽志为圆形，由“华大”基本形和学校中英文名称组成。

学校徽章为题有校名的长方形证章。

第十条　学校校旗旗面为红色，校名位于旗面中间位置。

第十一条　学校校歌为《华中师范大学校歌》，定稿于 2013 年 6 月。

第十二条　学校校庆日为每年 10 月 2 日。

第二章　举办者与学校

第十三条　举办者根据经济建设和社会发展需要，制定高等教育发展规划、方针政策和基本标准，并据此指导学校的发展规划，规范学校的办学行为，监督学校执行国家法律。

第十四条　举办者核准学校章程，支持学校依照法律和本章程独立、自主办学，纠正学校违反本章程的行为。

第十五条　学校校长、副校长以及其他应由举办者任命的人员由举办者按照国家有关规定任免。

第十六条　举办者保障学校办学经费的稳定来源和增长，并制定经费拨款标准和使用办法。学校对举办者提供的财产、国家财政性资助、受捐赠财产依法自主管理和使用。

第十七条　举办者制定教育教学质量标准。学校根据教学需要，自主制定教学计划、选编教材、组织实施教学活动，保证教学质量达到举办者规定的标准。

第十八条　举办者支持学校根据自身条件，自主开展科学研究、技术开发和社会服务。鼓励学校积极筹划和拓展各种形式的产学研合作项目，鼓励学校科研和技术成果的社会化和产业化，鼓励产学研合作的成果运用于研究和教学活动，形成良性互动。

第十九条　举办者支持学校根据实际需要，依法依规自主确定内部组织机构的设置和人员配备；自主评聘教师和其他专业技术人员的职务；自主确定内部收入的分配；自主规划和管理校园基建以及其他项目；自主开展与境外高等学校之间的科学技术文化交流与合作。

第二十条　举办者保障学校办学自主权不受任何非法干预，保护学校的合法权益不受侵犯，维护学校良好的办学环境和办学秩序。

第三章　学校基本制度

第二十一条　学校实行中国共产党华中师范大学委员会领导下的校长负责制。

学校党委和行政对重大问题实行“集体领导，民主集中，个别酝酿，会议决定”的议事和决策基本制度。

第二十二条　学校实行依法治校，建立健全现代大学制度。

第二十三条　学校实行教授治学，保障学术自由和学术民主，促进学术发展。

第二十四条　学校实行民主管理，保障和支持教职员工和学生参与学校决策、执行和监督。

学校建立健全师生参与、专家咨询和集体决策相结合的机制。

第二十五条　学校实行校院两级管理体制，保障和支持学院在学校授权范围内的办学自主权。

第二十六条　学校实行党务公开、校务公开和信息公开，接受举办者、教育行政主管部门和其他有关部门以及师生员工和社会公众的监督。

第四章　学校的组织机构

第一节　管理架构

第二十七条　中国共产党华中师范大学委员会（以下简称“党委”）统一领导学校工作，支持校长按照《中华人民共和国高等教育法》的规定积极主动、独立负责地开展工作，保证教学、科研、行政管理等各项任务的完成。

学校党委的主要职责是：

（一）宣传和执行党的路线方针政策，宣传和执行党中央、上级组织和本级组织的决议，坚持社会主义办学方向，依法治校，依靠全校师生员工推动学校科学发展，培养德智体美全面发展的中国特色社会主义事业合格建设者和可靠接班人。

（二）审议确定学校基本管理制度，讨论决定学校改革发展稳定以及教学、科研、行政管理中的重大事项。

（三）讨论决定学校内部组织机构的设置及其负责人的人选，按照干部管理权限，负责干部的教育、培养、选拔、考核和监督。加强领导班子建设、干部队伍建设和人才队伍建设。

（四）按照党要管党、从严治党的方针，加强学校党组织的思想建设、组织建设、作风建设、制度建设和反腐倡廉建设。落实党建工作责任制。发挥学校基层党组织的战斗堡垒作用和党员的先锋模范作用。

（五）按照建设学习型党组织的要求，组织党员认真学习马克思列宁主义、毛泽东思想、邓小平理论、“三个代表”重要思想和科学发展观，坚持用中国特色社会主义理论体系武装头脑，坚定走中国特色社会主义道路的信念。组织党员学习党的路线、方针、政策和决议，学习党的基本知识，学习科学、文化、法律和业务知识。

（六）领导学校的思想政治工作和德育工作，促进和谐校园建设。

（七）领导学校的工会、共青团、学生会等群众组织和教职工代表大会。

（八）做好统一战线工作。对学校内民主党派的基层组织实行政治领导，支持他们依照各自的章程开展活动。支持无党派人士等统一战线成员参加统一战线相关活动，发挥积极作用。

学校党委由中国共产党华中师范大学党员代表大会（以下简称“党代会”）选举产生，每届任期 5 年。党委对党代会负责并报告工作。

学校党委全体委员会议（以下简称“党委全委会”）闭会期间，由其选举产生的党委常务委员会（以下简称“党委常委会”）作为常设机构行使其职权、履行其职责。

党委全委会和党委常委会依其议事规则履行职责。

第二十八条　校长是学校行政的主要负责人，负责执行党委决定的相关事项。副校长、总会计师以及内设组织机构协助校长对学校各项行政工作进行管理。

校长的主要职责是：

（一）拟定学校规划，制定具体规章制度和年度事业计划并组织实施；

（二）组织教学活动、科学研究和思想品德教育；

（三）拟订内部组织机构的设置方案，按有关规定和程序推荐副校长人选；

（四）聘任与解聘教师以及内部其他工作人员；

（五）对学生进行学籍管理并实施奖励或者处分；

（六）拟订和执行年度经费预算方案，保护和管理学校资产，维护学校的合法权益；

（七）章程规定的其他职权。

校长召集并主持校长办公会议讨论决定重要行政事项。

校长办公会依其议事规则履行职责，实行校长负责制。

第二十九条　学术委员会是学校的最高学术机构，统筹行使对学校学术事务的咨询、评定、审议和决策权。

学校下列事务，提交党委会、校长办公会讨论之前，应当提交学术委员会审议或者直接由学术委员会审议决定：

（一）学科、专业建设规划，自主设置或者申请设置的学科专业；

（二）学术机构设置方案；

（三）科学研究规划及年度计划方案；

（四）教学科研成果、人才培养质量评价标准及考核办法；

（五）学位授予标准及规则，学历及非学历教育的标准、教育教学方案以及发展政策；

（六）学校教师职务聘任标准、政策和办法；

（七）学术评价、争议处理规则，学术道德规范；

（八）重大学术交流活动、对外学术交流合作规划；

（九）学术委员会专门委员会组织规程，学院（中心）学术委员会章程；

（十）学校章程或者学术委员会章程规定的其他事务。

学校实施以下事项，涉及对学术水平做出评价的，应当由学术委员会或者其授权机构组织评定：

（一）学校教学、科学研究成果和奖励，对外推荐国家优秀教学、科学研究成果奖励；

（二）高级教师职务聘任人选、高层次人才引进岗位人选、名誉（客座）教授聘任人选，推荐国内外重要学术组织的任职人选、各级政府部门组织人才选拔培养计划人选；

（三）学校自主设立的各类学术、科研基金，科研项目以及教学、科研与学生培养奖项评定；

（四）其他需要评价学术水平和学术标准的事项。

学术委员会可以就学位评定、教师聘任、教学指导、科学研究、学科建设、学术道德等事项设立若干专门委员会；可以根据需要，在教学科研机构设置分学术委员会或者委托教学科研机构设立的教授委员会等基层学术组织承担相应职责。

学术委员会依照国家有关规定及其章程组建、运行并履行职责。

第三十条　学校设立咨询委员会，为服务学校管理决策的咨询机构。学校咨询委员会由学校有影响的现职和离退休教职员工代表组成，负责学校内部管理体制改革重大决策事项的咨询与论证。

咨询委员会依照其章程履行职责。

第三十一条　学校设立理事会，为学校高层次办学咨议机构。理事会由资助学校办学的理事单位、著名校友、社会贤达、校外著名专家组成，负责学校办学重大事项的咨询、筹措办学资金以及外部联系，是学校开展社会交流与合作的桥梁与纽带。

理事会依照其章程履行职责。

第三十二条　学校工会是学校党委和上级工会组织领导下的教职工自愿参加的群众组织，按照《中华人民共和国工会法》和《中国工会章程》开展工作，履行工会职责。

学校建立健全校院两级工会组织。

第三十三条　学校教职工代表大会是教职工依法参与民主管理和监督的基本

形式。教职工代表大会代表以教师为主体，凡与学校签订聘任聘用合同、具有聘任聘用关系的教职工，均可当选为教职工代表大会代表。

教职工代表大会的主要职责有：

（一）听取学校章程草案的制定和修订情况报告，提出修改意见和建议；

（二）听取学校发展规划、教职工队伍建设、教育教学改革、校园建设以及其他重大改革和重大问题解决方案的报告，提出意见和建议；

（三）听取学校年度工作、财务工作、工会工作报告以及其他专项工作报告，提出意见和建议；

（四）讨论通过学校提出的与教职工利益直接相关的福利、校内分配实施方案以及相应的教职工聘任、考核、奖惩办法；

（五）审议学校上一届（次）教职工代表大会提案的办理情况报告；

（六）按照有关工作规定和安排评议学校领导干部；

（七）通过多种方式对学校工作提出意见和建议，监督学校章程、规章制度和决策的落实，提出整改意见和建议；

（八）讨论法律法规规章规定的以及学校与学校工会商定的其他事项。

教职工代表大会的意见和建议，应以会议决议的方式做出。

学校建立健全二级教职工代表大会组织。

第三十四条　学生代表大会是全体在校学生行使民主权利和参与学校民主管理的基本形式。

学生代表大会行使下列职权：

（一）审议学生代表大会章程及修改草案；

（二）审议上一届学生代表大会委员会工作报告；

（三）讨论学校与学生权利有关的重大改革方案和重要规章制度；

（四）收集和反映学生代表对学校工作提出的建议和意见；

（五）讨论和决定应当由学生代表大会决议的其他重大事项。

学生代表大会委员会由学生代表大会选举产生。学生代表大会闭会期间，学生代表大会委员会执行学生代表大会决议，选举学生会、研究生会、学生社团联合会等学生组织的领导机构。

第三十五条　学校共青团在校党委和上级团委的领导下，按照《中国共产主义青年团章程》开展活动，发挥思想政治教育、校园文化建设、维护学生合法权益、提高学生素质等方面的组织、引导等作用。

第三十六条 校内各民主党派组织及社会团体按照各自章程开展活动。

各民主党派成员和无党派人士及社会团体成员参与学校民主管理、民主监督，在本职岗位上为学校改革发展建设事业发挥作用。

第三十七条 学校根据精简、统一和效能的原则，设置党政职能机构、保障服务机构和其他机构，各机构根据学校规定履行管理、保障和服务等职责，为师生提供优质服务。

第二节 教学科研机构

第三十八条 学校根据人才培养和学科建设的需要设置若干学院，并根据发展需要予以适当调整。

学院下可设系、所、中心等教学和学术机构。

第三十九条 学院作为人才培养、科学研究、社会服务和文化传承创新的具体组织实施单位，在学校授权范围内实行自主管理。

学校本着事权相宜和权责一致的原则，在人、财、物等方面规范有序地赋予学院相应的管理权，指导和监督学院相对独立地自主运行。

除有特别规定外，学校通过预算方案划拨学院日常经费和其他资源，定期评估学院的绩效。

第四十条 学院根据工作需要和党员人数，经学校党委批准，设立学院党的委员会或总支部委员会。

学院党委（总支）的主要职责是：

（一）宣传、执行党的路线方针政策及学校的各项决定，并为其贯彻落实发挥保证监督作用。

（二）通过党政联席会议讨论和决定本单位的重要事项。支持本单位行政领导班子和负责人在其职责范围内独立负责地开展工作。

（三）加强党组织的思想建设、组织建设、作风建设、制度建设和反腐倡廉建设，具体指导党支部开展工作。

（四）领导本单位的思想政治工作。

（五）做好本单位党员干部的教育和管理工作。

（六）领导本单位工会、共青团、学生会等群众组织和教职工代表大会。

第四十一条　院长是学院行政的主要负责人，对学院的行政事务行使管理权。

院长定期向本学院全体教职员工或教职工代表大会报告工作。

除有特别规定外，学院院长的人选通过学校组织公开招聘、教授民主推荐等方式产生，经学校组织部门考察、党委常委会批准，由校长聘任。

第四十二条　学院重大事项实行党政联席会议决策制度。

学院党政联席会议负责讨论决定人才培养、科学研究、学科建设、人才队伍建设、思想政治工作和行政管理等方面的重要事项。

学院党政联席会议成员包括：学院院长、党委（总支）书记、副书记以及副院长。

第四十三条　学院设置学术委员会或者教授委员会作为学院的最高学术机构，统筹行使对学院学术事务的咨询、评定、审议和决策权。

学院学术委员会（或者教授委员会）根据校学术委员会的授权或者各自章程开展工作，向校学术委员会报告工作，接受校学术委员会的指导和监督。

第四十四条　学院建立和完善二级教代会制度。

学院教代会是学院教职工依法参与学院民主管理和监督的基本形式。

第四十五条　为促进有组织的重大科研和交叉学科研究，学校设立若干独立建制的研究中心（院、所）、工程中心和重点实验室等研究机构。

具有独立建制的研究机构享有与学院同等的权利和义务。学校根据研究机构的性质，对其实行分类管理、评估和考核。

独立建制的研究机构根据有关规定和学校授权设立相应的管理及学术机构，其负责人通过公开招聘或教授民主推荐等方式产生，经学校组织部门考察、党委常委会批准，由校长聘任。

第四十六条　学校建设各类教育、教学和人才培养基地。建设多层次、多样化的教学实验室和校内外教学实习、实践基地。

各类教育教学和人才培养基地、教学实验室、教学实习实践基地的审批和管理，参照独立建制的研究机构规定执行。

第四十七条　学校可以与自然人、法人和其他组织联合设置教育科研机构，开展合作办学、合作研究与社会服务等活动。

第五章　学生及校友

第四十八条　学生是指被学校依法录取、取得入学资格、具有学校学籍的受教育者。

学校制定事业发展规划和年度招生计划，及时向社会公布相关信息，努力为各类考生提供享受高水平教育的机会。

第四十九条　学生除享有宪法、法律、法规及规章规定的权利外，还享有下列权利：

（一）公平接受学校教育，平等利用学校公共教育资源，获得增强实践与创新能力的基本条件保障；

（二）按规定条件和程序重新选择专业，跨学科、学院选修课程；

（三）公平获得在国内外深造学习和参加学术文化交流活动的机会；

（四）为发展个性获得全面的素质教育；

（五）依照法律和学校规定组织和参加学生社团；

（六）公平获得各级各类荣誉称号和奖励；

（七）知悉涉及个人切身利益的事项，对教学活动及管理、校园文化、后勤服务、校园安全等工作提出意见和建议；

（八）对纪律处分和涉及自身利益的相关决定表达异议和提出申诉；

（九）学校规定的其他权利。

第五十条　学生除履行宪法、法律、法规及规章规定的义务外，还应履行下列义务：

（一）珍惜和维护学校名誉，维护学校利益；

（二）遵守国家和学校学籍管理规定以及学生行为规范；

（三）遵守国家考试制度和学历学位管理规定；

（四）按规定交纳学费及有关费用；

（五）爱护并合理使用教育设备和生活设施；

（六）学校规定的其他义务。

第五十一条　学校引导学生养成良好的思想品德和行为习惯，为学生提供心理健康教育和文化体育设施及相关服务。

学校关怀在学习生活中遇到特殊困难的学生，为其健康成长提供必要的帮助。

第五十二条　学校保护学生正当的申辩、申诉权利。

学校依法建立学生权益保护机制，维护学生的合法权益。

第五十三条　学校保障和支持学生通过学生代表大会及其他各种形式依法参与学校管理。

第五十四条　学校校友包括在华中师范大学及其前身学习或工作过的学生、学员和教职员工、被学校授予各种荣誉学位和荣誉职衔的中外各界人士以及热忱关心学校发展并自愿履行义务的人士。

第五十五条　学校积极创造条件，鼓励校友参与学校的建设与发展。

学校以多种方式联系和服务校友，支持校友事业发展。定期向校友通报学校发展情况与发展设想，优先为校友提供优质的继续教育和终身培训。

第五十六条　学校鼓励和支持校友成立具有院系、届别、行业、地域特点的校友会和校友分会。校友会的宗旨是：依靠海内外校友的广泛影响，共同提升学校的社会影响力；团结和凝聚海内外校友的巨大力量，共同支持学校的建设与发展。

校友会依照国家有关规定及章程开展活动。

第六章　教职员工

第五十七条　学校教职员工由教师、其他专业技术人员、管理人员和工勤人员等组成。

学校根据事业发展需要合理确定教职员工总量和各类教职员工比例，根据需要合理设置各类教职员工的高、中、初级岗位。

第五十八条　教师是学校办学的主要依靠力量。学校尊重和爱护教师，为教师开展教学和科学研究活动、自主进行学术创新、攀登科学高峰提供必要的条件和保障。

学校教师应为人师表，教书育人，努力创造科学新知，传播先进思想，培育人才。

第五十九条　学校教职员工除享有宪法、法律法规及规章规定的权利外，还享有下列权利：

（一）依据有关规定合理使用学校的公共资源；

（二）公平获得自身发展所需的相应工作机会和条件；

（三）在品德、能力和业绩等方面获得公正评价；

（四）公平获得各级各类奖励及各种荣誉称号；

（五）知悉学校改革、建设和发展及关涉切身利益的重大事项；

（六）参与民主管理，对学校工作提出意见和建议；

（七）就职务、福利待遇、社会保障、评优评奖、纪律处分等事项表达异议和提出申诉；

（八）公平获得国（境）内外访学、进修等学习、培训的机会；

（九）学校规定和约定的其他权利。

第六十条　学校教职员工除履行宪法、法律、法规及规章规定的义务外，还应履行下列义务：

（一）忠诚教育事业，勤奋工作，尽职尽责；

（二）尊重和爱护学生，教书育人，管理育人，服务育人；

（三）恪守职业道德，遵守学术规范；

（四）珍惜和维护学校荣誉，维护学校利益；

（五）遵守学校规章制度；

（六）学校规定和约定的其他义务。

第六十一条　学校依法制定人事管理制度，对各类教职员工实行分类管理。

学校对教职员工实行下列聘用制度：

（一）教师和其他专业技术人员实行资格认证和岗位聘用制度；

（二）管理人员实行岗位聘用制度；

（三）工勤人员实行劳动合同聘用制度。

学校对教职员工定期进行年度或聘期考核，考核结果作为对各类人员聘用、晋升、流动、确定绩效工资和奖惩的依据。

第六十二条　学校建立教职员工发展制度，重视教职员工职业生涯发展规划，建立学习型组织，构建完整的培训体系。鼓励和支持教师开展国际学术交流与合作。

学校建立与学校发展水平相适应的教职员工福利待遇制度。

第六十三条　学校建立统一的奖励和荣誉体系制度，对为国家和学校做出突出贡献的教职员工给予表彰、奖励。

第六十四条　学校保护教职工正当的申辩、申诉权利。

学校依法建立教职员工权益保护机制，维护教职员工合法权益。

第六十五条　学校保障和支持教职员工通过教代会、工会等形式依法参与学校管理。

第六十六条　学校规范教职员工的职务行为，引领教职员工不断强化服务意识，树立良好的学术道德。

第六十七条　到站博士后、访问学者、进修教师等人员，在学校从事教学、科研、进修活动期间，依据法律规定、学校规定，以及合同约定，享受相应权利，履行相应义务，学校为其提供必要的条件和帮助。

第七章　资产、经费、后勤和校园

第六十八条　学校资产是指属于学校所有和使用的流动资产、对外投资、固定资产、知识产权等无形资产以及依法认定为学校所有的其他权益。

第六十九条　学校资产配置以发展规划和年度事业计划为基本依据，坚持财政平衡的可持续发展理念。

学校建立健全资产管理制度，实行“统一领导、归口管理、分级负责、责任到人”的资产管理机制。

学校坚持勤俭办学，不断提高资产使用效益。

第七十条　学校经费来源以政府财政拨款为主，其他多种渠道筹措办学经费为辅。

学校依法设立教育发展基金会，接受校友和社会捐赠，以募集资金、增加办学资源。教育发展基金会遵循捐赠自愿的原则，坚持专款（物）专用、账目公开，充分发挥基金使用效能。

学校鼓励和支持校内各单位面向社会筹措教学、科研经费及各类奖助基金。

第七十一条　学校实行统一领导、分级管理的财务管理体制。建立健全内部控制制度、经济责任制度、财务信息公开制度等监督制度，主动接受国家有关部门的财务监督，确保资金安全运行。

第七十二条　学校不断完善后勤管理和服务体系，为教职员工和学生的学习、工作和生活提供优质、安全、便捷的后勤保障服务。

第七十三条　学校不断完善基础设施、信息技术设施以及自然和人文景观设施建设，积极打造数字化校园、生态校园和人文校园。

第八章　社会服务与交流合作

第七十四条　学校依据自身教育特色和优势，积极利用现代化教育手段和市场办学机制，提供多样化的优质教育服务，为构筑终身教育体系和学习型社会服务。

第七十五条　学校加强与中央政府部门、地方政府、社会团体、行业组织、科研院所以及企事业单位等的多形式沟通与合作，根据自身条件为国家以及地方和区域发展提供服务。

第七十六条　学校重视、支持校办产业的发展和建设。校办产业实行产权明晰、责权明确、自主经营、科学管理的现代企业制度。

第七十七条　学校积极开展国际国内学术和教育合作，引进国内外优质教育资源，与国内外著名大学和科研机构开展深层次的学术交流与合作。

第七十八条　学校致力于文化传承创新，努力成为中华优秀传统文化的忠实传播者和弘扬者，成为中国先进文化的积极倡导者和发展者。

第九章　附　则

第七十九条　本章程的制定和修改须经教职工代表大会和校长办公会议讨论通过，由党委常委会审定，并经校长签发，报教育部核准后生效。

教育部和学校党委常委会对本章程的书面解释，与章程文本具有同等效力。

第八十条　本章程是学校依法自主办学、实施管理和履行公共职能的基本准则和基本规范。学校其他规章应依据本章程制定、修改，不得与本章程相抵触。

学校的举办者、各级各类组织机构和教职员工，都必须以本章程为办学的根本准则，并且负有维护章程尊严、保证章程实施的职责。

第八十一条　本章程自发布之日起实施。

江西师范大学章程

序　言

江西师范大学肇基于1940年创建的国立中正大学。中正大学于1949年更名为南昌大学，1953年全国院系调整后改为江西师范学院，1969年更名为江西井冈山大学，1972年复名为江西师范学院，1983年更名为江西师范大学。2003年，江西金融职工大学（江西银行学校）整建制并入学校。

为推动学校依法办学与自主管理，保障学生和教职工的合法权益，根据《中华人民共和国教育法》《中华人民共和国高等教育法》《中华人民共和国教师法》《高等学校章程制定暂行办法》等法律、法规、规章和有关规定，结合学校实际，制定本章程。

第一章　总　则

第一条　学校名称为江西师范大学，简称江西师大，英文名称为Jiangxi Normal University，缩写为JXNU。

第二条　学校法定注册地址为江西省南昌市紫阳大道99号。学校有瑶湖、青山湖和共青城三个校区，学校可根据办学需要设立和调整校区及地址。学校网址：http://www.jxnu.edu.cn/。

第三条　学校由江西省人民政府举办，江西省教育厅主管，是江西省人民政府与教育部共建的全日制普通高等学校，接受举办者的管理和监督。

学校是非营利性教育事业单位，具有独立法人资格，依法享有办学自主权，独立承担法律责任。

学校的登记管理机关是江西省事业单位登记管理局。

第四条　学校坚持社会主义办学方向，全面贯彻执行党的路线方针政策，贯彻执行党的教育方针，坚持立德树人，依法治校，依靠全校师生员工推动学校科学发展，培养德智体美全面发展的中国特色社会主义事业合格建设者和可靠接班人。

第五条　学校以人才培养为核心，履行科学研究、服务社会、文化传承创新等职能，致力于建设特色鲜明的高水平教学研究型师范大学。

第六条　学校实行中国共产党江西师范大学委员会领导下的校长负责制，坚持党委领导、校长负责、教授治学、民主管理，坚持依法治校。

第二章 权利与义务

第七条 学校由举办者和教育行政部门按照政校分开、管办分离的原则依法进行管理和监督，尊重和保障学校的独立事业单位法人地位和办学自主权，提供办学资源和保障办学经费，规范学校办学行为，考核学校办学水平，监测学校教育质量。

第八条 学校依法享有下列权利：

（一）按照国家法律、法规及规章和学校章程自主管理学校内部事务；

（二）招收学生，实施奖励或处分，颁发相应的学历证书，授予学位；

（三）组织教学、科研及社会服务活动；

（四）组织开展与境内外高等学校和研究机构的交流与合作；

（五）设置内部组织机构，聘任教职工，调整工资和津贴分配，实施奖励或处分；

（六）收取学费及有关费用，使用政府拨款，接受社会捐赠；

（七）使用和管理学校资产；

（八）法律、法规及规章规定的其他权利。

第九条 学校依法履行下列义务：

（一）遵守国家宪法、法律和法规；

（二）执行国家教育教学标准，保障教育教学质量；

（三）维护与保障教职工和学生的合法权益；

（四）遵守国家收费政策，公开收费项目和标准；

（五）保护学校资产不被侵占、破坏和流失；

（六）依法接受监督。

第三章 学 生

第十条 学生是指被学校依法录取、取得入学资格、具有学校学籍的受教育者。

第十一条 学生依法享有下列权利：

（一）按规定条件和程序选择专业与课程；使用学校教育、科研等公共资源，接受学校教育；

（二）获得在国内外学习深造和参加学术文化交流活动的机会；

（三）在规定的修业年限内学完规定的课程，成绩合格或者修满相应的学分，获得学历证书及学位证书；

（四）可以在校内组织学术团体，并在法律、法规及规章规定的范围内活动，服从学校的领导和管理；

（五）申请和获得各种奖励、资助和荣誉称号；

（六）知晓学校改革、建设和发展及涉及切身利益的重大事项；参与民主管理，对学校工作提出意见和建议；

（七）对纪律处分和涉及自身利益的相关决定表达异议和提出申诉；

（八）享有法律、法规、规章及学校规定的其他权利。

第十二条　学生依法履行下列义务：

（一）遵守法律、法规及规章和学校的各项管理制度；

（二）努力学习马克思列宁主义、毛泽东思想、邓小平理论，树立爱国主义、集体主义和社会主义思想；

（三）遵守学生行为规范，维护社会公德，尊敬师长，团结同学，诚实守信；

（四）刻苦学习，完成学业，掌握较高的科学文化知识和专业技能；积极参加校内外的体育活动，增强体质，健全人格；

（五）维护学校利益和声誉；

（六）按照国家规定缴纳学费；

（七）爱护并合理使用教育、科研设备和生活设施；

（八）履行法律、法规、规章及学校规定的其他义务。

第十三条　学校对在德、智、体、美等方面全面发展或在思想品德、学业成绩、科研创新、锻炼身体及社会服务等方面表现突出的学生，给予表彰和奖励。

对有违规、违纪行为的学生，给予批评教育或者纪律处分。

对违反学籍管理规定的学生依法给予取消入学资格、退学、肄业等处理。

第十四条　学校建立学生权利保护和资助机制，维护学生的合法权益。

第十五条　学校建立重大事项会议列席、听证、座谈和新闻发布制度，鼓励和支持学生参加学校的民主管理，对学校的工作提出意见或建议。

第十六条　学校学生代表大会（研究生代表大会）是学生（研究生）参与学校民主管理和监督的重要组织形式，学生代表大会（研究生代表大会）选举产生的学生代表大会（研究生代表大会）常务委员会或学生会（研究生会）主席团是其常设机构，分别按照其章程行使职权、履行职责。

第四章 教职工

第十七条 学校教职工由专业技术人员、管理人员和工勤人员等组成。教师须获得教师资格认证；其他专业技术人员、管理人员和工勤人员应当具备良好的职业道德并具有专业知识、专门技能，以及与岗位履职相应的资质或资格认证。

第十八条 教职工依法享有下列权利：

（一）获得自身发展所需要的相应工作机会和条件，获取劳动报酬；

（二）使用学校的公共资源，享受福利待遇；

（三）在品德、能力和业绩等方面获得公正的评价；

（四）获得各种奖励和荣誉称号；

（五）知晓学校改革、建设和发展及涉及切身利益的重大事项；

（六）参与民主管理，对学校工作提出意见和建议；

（七）保护自身合法权益不受侵犯；就职务晋升、福利待遇、评优评奖、纪律处分等事项表达异议和提出申诉，并按学校申诉制度得到合理申诉处理；

（八）聘约规定的权利；

（九）法律、法规、规章及学校规定的其他权利。

第十九条 教职工依法履行下列义务：

（一）依法开展教学、科研和岗位要求的工作，参与教学改革、学科建设和社会服务等工作；

（二）为人师表，不断提高师德修养，尊重和爱护学生，尊重和团结同事；

（三）维护学校利益和声誉；

（四）遵守学校规章制度；

（五）履行聘约规定的义务；

（六）承担法律、法规、规章及学校规定的其他义务。

第二十条 学校对教职工实行相应的聘任、聘用制度：

（一）教师的资格认证和职务聘任制度；

（二）其他专业技术人员的专业技术职务聘任制度；

（三）管理人员的聘任制度；

（四）工勤人员的聘用制度。

第二十一条 学校实行岗位目标责任制。学校对教职工定期进行考核，考核结果作为对各类人员任用、晋升和奖惩的依据。

第二十二条　学校充分尊重教师，为教师的发展营造良好的环境，为教师开展教学、科学研究和社会服务等活动提供必要的条件与保障，并对做出重大贡献的教师予以奖励。

对不履行义务、违反学校纪律、损害学校利益或对学校造成重大不良影响的教职工进行批评教育或者依照法律、法规、规章和学校有关规定给予警告、记过、降低岗位等级或者撤职、开除处分。

第五章　职能与理念

第二十三条　学校以人才培养为中心，以促进师生发展为根本，实行人才强校战略，通过传授、创造和应用知识，传承创新文化，服务国家人民，推动社会进步，促进人类文明发展。

第二十四条　学校主要开展全日制本科生和研究生教育，适当开展继续教育等其他类型的教育。

第二十五条　学校坚守教师教育的传统和特色，致力于培养引领教育发展的优秀教师和教育家。学校坚持教师教育与非教师教育并举，积极实施学科非均衡发展战略，努力构建良好的学科生态系统，推动实现各类学科科学发展。

第二十六条　学校树立以“学”为中心的教育理念，以学分制为基本教学管理制度，着力培养学生的社会责任感、创新精神和实践能力。

第二十七条　学校尊重并依法保障学术自由，营造创新环境，鼓励师生积极开展基础研究和应用研究，推动学术进步和科技创新，普及科学知识，促进成果转化，为经济建设和社会发展服务。

第二十八条　学校积极推进教育国际化工作，依法自主开展对外合作与交流。

第二十九条　学校根据教育规律、发展需要和社会要求，依法自主动员组织和优化配置资源开展教学、科研和社会服务，确定和调整办学行为、办学规模、办学层次、办学结构和学历教育修业年限。

第三十条　学校根据实际需要依法自主确定校内的机构设置和人员配备、议事决策的规则和程序，建立健全办学质量保障、办学信息公开、办学行为监督的体系和机制。

第三十一条　学校设立附属中学、附属小学、附属幼儿园等附属机构，面向师生员工和社会提供服务，依照有关法律、法规及规章管理和运行。

第六章　组织与机构

第一节　党委

第三十二条　中国共产党江西师范大学委员会（以下简称学校党委）统一领导学校工作，支持校长按照《中华人民共和国高等教育法》的规定，积极主动、独立负责地开展工作，行使职权。

学校党委由中国共产党江西师范大学党员代表大会选举产生，其主要职责是：

（一）讨论决定事关学校改革发展稳定及教学、科研、行政管理中的重大事项和基本管理制度；

（二）坚持党管干部原则，按照干部管理权限负责干部的选拔、教育、培养、考核和监督，讨论决定学校内部组织机构的设置及其负责人的人选，依照有关程序推荐校级领导干部和后备干部人选。做好老干部工作；

（三）坚持党管人才原则，讨论决定学校人才工作规划和重大人才政策，创新人才工作体制机制，优化人才成长环境，统筹推进学校各类人才队伍建设；

（四）领导学校思想政治工作和德育工作，坚持用中国特色社会主义理论体系武装师生员工头脑，培育和践行社会主义核心价值观，牢牢掌握学校意识形态工作的领导权、管理权、话语权。维护学校安全稳定，促进和谐校园建设；

（五）加强大学文化建设，发挥文化育人作用，培育良好校风学风教风；

（六）加强对学校院（系）等基层党组织的领导，做好发展党员和党员教育、管理、服务工作，发展党内基层民主，充分发挥基层党组织的战斗堡垒作用和党员的先锋模范作用。加强学校党委的自身建设；

（七）领导学校党的纪律检查工作，落实党风廉政建设主体责任，推进惩治和预防腐败体系建设；

（八）领导学校工会、共青团、学生会等群众组织和教职工代表大会。做好统一战线工作；

（九）讨论决定其他事关师生员工切身利益的重要事项。

学校党委会是学校党委实行集体领导、科学民主决策的主要形式。党委会由党委书记召集主持，须有三分之二以上党委委员出席会议，列席人员由会议主持人确定，对必须表决的事项，赞成票超过应出席人数的半数为通过。学校重大事项的决策由党委会按其议事规则决定。

第三十三条　中国共产党江西师范大学纪律检查委员会是学校的党内监督机构，在学校党委和上级纪委的领导下开展工作，全面落实监督责任，围绕学校中心工作，检查党的路线、方针、政策、决议及学校重大决策的执行情况，整体推进惩治和预防腐败各项工作。

学校纪律检查委员会由中国共产党江西师范大学党员代表大会选举产生，其主要职责是：

（一）维护党的章程和其他党内法规，对党员进行遵纪守法教育，做出关于维护党纪的决定；

（二）检查党组织和党员贯彻执行党的路线、方针、政策和决议的情况，对党员领导干部行使权力进行监督；

（三）协助学校党委加强党风建设和组织协调反腐败工作，推进廉洁教育和廉政文化建设；

（四）检查、处理党的组织和党员违反党的章程和其他党内法规的案件，按照有关规定决定或取消对这些案件中的党员处分；

（五）受理党员的控告和申诉，保障党章规定的党员权利不受侵犯；

（六）党内法规规定的其他职责。

第二节　校长

第三十四条　校长是学校法定代表人和最高行政负责人，全面负责学校的教学、科学研究和其他行政管理工作，依法行使下列职权：

（一）组织拟订和实施学校发展规划、基本管理制度、重要行政规章制度、重大教学科研改革措施、重要办学资源配置方案。组织制定和实施具体规章制度、年度工作计划；

（二）组织拟订和实施学校内部组织机构的设置方案。按照国家法律和干部选拔任用工作的有关规定，推荐副校长人选，任免内部组织机构的负责人；

（三）组织拟订和实施学校人才发展规划、重要人才政策和重大人才工程计划。负责教师队伍建设，依据有关规定聘任与解聘教师以及内部其他工作人员；

（四）组织拟订和实施学校重大基本建设、年度经费预算等方案。加强财务管理和审计监督，管理和保护学校资产；

（五）组织开展教学活动和科学研究，创新人才培养机制，提高人才培养质量，推进文化传承创新，服务国家和地方经济社会发展，把学校办出特色、争创一流；

（六）组织开展思想品德教育，负责学生学籍管理并实施奖励或处分，开展招生和就业工作；

（七）做好学校安全稳定和后勤保障工作；

（八）组织开展学校对外交流与合作，依法代表学校与各级政府、社会各界和境外机构等签署合作协议，接受社会捐赠；

（九）向党委报告重大决议执行情况，向教职工代表大会报告工作，组织处理教职工代表大会、学生代表大会（研究生代表大会）、工会会员代表大会和团员代表大会有关行政工作的提案。支持学校各级党组织、民主党派基层组织、群众组织和学术组织开展工作；

（十）履行法律法规和学校章程规定的其他职权。

校长办公会是校长行使职权的基本形式，校长办公会由校长召集主持，须有三分之二以上成员出席会议，列席人员由会议主持人确定。校长办公会按其议事规则，研究、决定学校行政工作方面的重要事项。校长办公会根据需要邀请教师与学生代表列席。

校长行使职权、履行职责，实行校长统一领导、副校长分工负责、职能部门组织实施的工作机制。

第三节　学术组织机构

第三十五条　学校设立学术委员会。学校依据《高等学校学术委员会规程》，结合学校实际制定《江西师范大学学术委员会章程》。学校学术委员会作为校内最高学术机构，统筹行使学术事务的决策、审议、评定和咨询等职权，根据其章程履行职责和开展工作。校学术委员会组成人员根据章程选举产生，主任、副主任及委员由校长聘任。

学术委员会审议或评定的主要事项包括：

（一）学科、专业及教师队伍建设规划，以及科学研究、对外学术交流合作等重大学术规划；

（二）学术机构设置规划方案；

（三）学校教师职务聘任的学术标准与办法；

（四）科研成果评价标准及考核办法；

（五）自主设立科研基金、项目类别、科研奖项等；对外推荐教学、科学研究成果奖；

（六）学术评价、争议处理规则，学术道德规范；

（七）各学院学术分委员会章程；各专门委员会章程的制定或修订；

（八）学校认为需要提交审议的其他学术事务。

学术委员会有关学科专业设置、教学评价等方面的职责授权教学委员会、学位评定委员会按照各自章程处理。

第三十六条　学校设立教学委员会。学校依据有关规定，结合学校实际制定《江西师范大学教学委员会章程》。学校教学委员会是学校教学工作的管理、审议和决策咨询机构，根据其章程履行职责和开展工作。

教学委员会的主要职责是：

（一）对学校的教学工作提出指导意见和建议；

（二）研究教学工作中的重大问题，审议职能部门提出的教学资源配置原则和方案、教学工作规程、年度招生计划、年度质量报告、重大教学改革方案，并提出意见供学校决策；

（三）审议人才培养方案、专业建设规划；

（四）审议各类教学改革项目、成果评定标准和办法，评审重大教学改革项目、教学成果奖励；

（五）审议各类教学评估工作指标体系和实施办法，审议重大教学评估结果；

（六）指导本科生、研究生的德育工作；

（七）审议教学工作重大争议事项，审定重大教学事故；

（八）研究人才培养方面的突出问题、重大趋势，并提出决策咨询建议；

（九）履行法律、法规及规章规定和学校授权的其他职责。

第三十七条　学校设立学位评定委员会。学校根据《中华人民共和国学位条例》《中华人民共和国学位条例暂行实施办法》，结合学校实际制定《江西师范大学学位评定委员会章程》。学校学位评定委员会是学校学位事务的议事、决策机构，根据其章程履行职责和开展工作。

学位评定委员会的主要职责是：

（一）审议学校学位与研究生教育工作的规章制度和办法；

（二）依据学位授予资格条件做出授予或撤销博士、硕士、学士学位的决定；

研究和处理学位授予中有异议的问题；

（三）审批新增硕士生指导教师、博士生指导教师名单；做出撤销不称职人员的研究生导师资格的决定；

（四）审核学位授权学科的设置、变更和撤销；

（五）审批授予名誉博士学位的人员名单；

（六）指导学院（研究机构）学位评定分委员会工作；

（七）组织学位授予质量的检查和评估工作；

（八）履行法律、法规及规章规定和学校授权的其他职责。

第四节　教职工代表大会

第三十八条　学校依据教育部《学校教职工代表大会规定》，设立教职工代表大会。学校教职工代表大会是教职工依法参与学校民主管理和监督的基本形式。大会设立主席团，由学校领导、教职工代表组成，其中教职工代表占主席团成员二分之一以上。大会设立常务委员会。学校教职工代表大会由主席团主持，主席团设秘书长。教职工代表大会对学校进行民主管理和监督，行使下列职权：

（一）听取、审议学校章程草案的制定和修订情况报告，提出修改意见和建议；

（二）听取、审议学校年度工作、财务工作、审计工作以及其他专项工作报告，提出意见和建议；

（三）审议和通过与教职工切身利益相关的重要议题和规章制度；

（四）审议学校上一届（次）教职工代表大会提案的办理情况报告；

（五）对学校工作提出意见和建议，监督学校章程、规章制度和决策的落实并提出整改意见和建议；

（六）讨论法律、法规及规章所规定的其他事项。

教职工代表大会闭会期间由教职工代表大会常务委员会在职权范围内开展活动、履行职权。

第五节　教学与研究机构

第三十九条　学校根据精简、统一和高效的原则，设置教学与研究机构，教学与研究机构根据学校规定的责权利开展工作。

第四十条　教学与研究机构包括学校设立的学院（系、部）（以下简称学院）和独立建制的科研机构等。

第四十一条　学校实行校院两级管理体制，充分、合理地对教学与研究机构进行授权，激发办学活力。

第四十二条　学院作为人才培养、科学研究、社会服务和文化传承创新的具体组织实施单位，在学校授权范围内实行自主管理，行使下列职权：

（一）根据学校发展规划和学院实际，制定学院发展规划；

（二）组织开展人才培养、科学研究、学科建设、师资队伍建设、学术交流以及社会服务活动，实施专业建设、课程建设和教学改革；

（三）负责学生的教育与管理；

（四）根据学校规定，决定设置、调整或撤销学院所属系（所）、教研室等内部机构，并报学校备案；

（五）负责学院教学科研、其他专业技术、管理和工勤技能等岗位人员的聘任与管理；

（六）制定内部管理制度；

（七）管理和筹措教学、科研经费和其他资金，并在学校授权范围内，管理和使用资产；

（八）拟订本学院（部）教职工的绩效考核、奖励及分配方案；

（九）学校赋予的其他职权。

第四十三条　学院党委（总支）是学院党建与思想政治工作的主要责任者，保证党和国家的各项方针、政策和学校的决定在本学院的贯彻执行，领导学院工会、共青团、学生会等群众组织和教职工代表大会，支持院长履行其职责。

第四十四条　院长是学院的行政负责人，对学院的行政事务行使管理权，承担学院发展的主要责任。学院实行院务公开，院长定期向学院教职工代表大会报告工作，接受其监督。

第四十五条　学院重大事项实行党政联席会议决策制度。

学院党政联席会议负责讨论决定人才培养、科学研究、学科建设、人才队伍建设、思想政治工作和党政管理等方面的重要事项。

学院党政联席会议成员包括：学院院长、党委（总支）书记、副书记、副院长。根据议题需要确定主持人、参会人员及列席人员。

第四十六条　学院设立学术分委员会或教授委员会、教学分委员会和学位评定分委员会，充分发挥教授在教学、科研和管理中的作用。

第四十七条　学院成立二级教职工代表大会。学院教职工代表大会参照学校教职工代表大会履行其职责。

第四十八条　独立建制的科研机构承担人才培养、科学研究、国际合作交流和社会服务等任务。

学校根据研究机构的性质，对其进行分类管理和绩效考核。

第七章　财务与资产

第四十九条　学校经费来源主要包括财政拨款、事业收入、社会捐赠等。学校应积极面向社会多方筹措资金。

第五十条　学校财务管理实行统一领导、集中管理的管理体制。学校内部实行会计集中核算，推行会计委派制，建立健全财务预算、内部审计、经济责任、财务信息依法公开等监督制度，进一步加强经费预决算管理，保证资金运行安全。

学校各部门财务工作一般由其行政负责人负责。

第五十一条　学校国有资产包括流动资金、固定资产、在建工程、无形资产和对外投资等。学校对国有资产依法管理、合理使用，防止国有资产流失，提高资产使用效率。

第五十二条　学校完善后勤管理和服务体系，深化后勤管理体制改革，为学校师生员工的学习、工作和生活提供安全、便捷、优质的后勤保障服务。

第五十三条　学校针对财务与后勤的重点领域和关键环节存在的廉政风险，形成内控防范有制度、岗位操作有标准、事后考核有依据的风险防控管理体系。加强风险岗位廉能管理专项防控。

第八章　学校与社会

第五十四条　学校坚持开放、合作、双赢原则，加强与政府部门、其他高校、行业组织、科研院所、企业单位、社会团体及国际组织的联系与合作，为社会提供服务，争取社会的广泛支持。

学校建立新闻发言人制度，受学校委托面向社会发布新闻。

第五十五条　学校建立理事会制度。学校依据《普通高等学校理事会规程(试行)》，结合学校实际制定《江西师范大学理事会章程》。学校理事会是学校决策咨询机构，履行学校发展重大战略决策的咨询、指导和参谋职能，理事会根据其章程履行职责和开展工作。

第五十六条　校友包括在学校曾经学习或工作过的学生、学员、教职工、被学校授予各种荣誉学位和荣誉职衔的中外各界人士。

第五十七条　学校鼓励校友参与学校的建设和发展。对学校建设做出突出贡献的校友，学校授予荣誉称号。

第五十八条　学校依法成立中正大学—江西师范大学校友会（以下简称校友会），校友会根据国家有关规定及《中正大学—江西师范大学校友会章程》开展活动。学校鼓励和支持校友成立具有届别、行业、地域特点的校友分会。

学校通过校友会及其他多种形式联系和服务校友。校友会在服务校友、服务社会的过程中，积极为学校事业发展争取办学资源和提升学校美誉。

第五十九条　学校依法登记注册具有基金会法人地位的教育发展基金会，负责募集资金、捐赠项目管理及基金管理。

学校依法制定专门的接受社会捐赠的原则和管理办法。

第九章　文化与标识

第六十条　学校校训为“静思笃行、持中秉正”。

第六十一条　学校围绕育人目标，传承爱国荣校、民主和谐、求真务实、开放创新传统，加强精神文化、学术文化、制度文化和环境文化建设，打造学校文化品牌，营造良好的育人环境和学术环境，提高人才培养质量，提升学校核心竞争力。

第六十二条　校徽与校歌。

校徽（见附件一）的图形为双圆圈圆形标志。内圆圈中间由“中国江西师范大学”的英文首写字母“CJNU”组成。左为“C”，右为“J”，中为“N”，左右“C”“J”合为“U”，整体效果为“中”字形状，其下“1940”为学校始创时间。两圆之间上半方嵌“JIANGXI　NORMAL　UNIVERSITY”，下半方嵌“江西师范大学”。

校歌（见附件二）为《江西师范大学校歌》。

第六十三条　校庆日为每年的 10 月 31 日。

第十章　附　则

第六十四条　章程是学校的根本制度，学校其他规章应依据本章程制定、修改，不得与本章程相抵触。

第六十五条　本章程经由学校教职工代表大会讨论、校长办公会审议、学校党委审定，报省教育厅核准、教育部备案，由校长签发后颁布。对本章程的修订，应由学校教职工代表大会或校长办公会提出，须通过与章程制定相同程序。

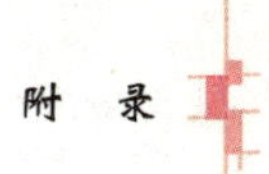

第六十六条　本章程自颁布之日起生效。本章程的解释权归学校党委。

附　件

附件一：校徽

附件二：校歌

江西师范大学校歌

集　体词
傅利民曲

1= C $\frac{2}{4}$

我们汇集在英雄城。象桃李盛开青山湖滨。美丽的校园，教师的摇篮。哺育着未来的园丁。德智体美，全面发展，献身教育，治学严谨，坚持求实精神，勇于探索和创新。我们是人类灵魂的工程师，肩负着振兴中华的历史重任。放眼世界，面向未来，朝着四个现代化，高歌猛进！

三、《高等学校章程制定暂行办法》

高等学校章程制定暂行办法

第一章　总　则

第一条　为完善中国特色现代大学制度，指导和规范高等学校章程建设，促进高等学校依法治校、科学发展，依据教育法、高等教育法及其他有关规定，制定本办法。

第二条　国家举办的高等学校章程的起草、审议、修订以及核准、备案等，适用本办法。

第三条　章程是高等学校依法自主办学、实施管理和履行公共职能的基本准则。高等学校应当以章程为依据，制定内部管理制度及规范性文件、实施办学和管理活动、开展社会合作。

高等学校应当公开章程，接受举办者、教育主管部门、其他有关机关以及教师、学生、社会公众依据章程实施的监督、评估。

第四条　高等学校制定章程应当以中国特色社会主义理论体系为指导，以宪法、法律法规为依据，坚持社会主义办学方向，遵循高等教育规律，推进高等学校科学发展；应当促进改革创新，围绕人才培养、科学研究、服务社会、推进文化传承创新的任务，依法完善内部法人治理结构，体现和保护学校改革创新的成功经验与制度成果；应当着重完善学校自主管理、自我约束的体制、机制，反映学校的办学特色。

第五条　高等学校的举办者、主管教育行政部门应当按照政校分开、管办分离的原则，以章程明确界定与学校的关系，明确学校的办学方向与发展原则，落实举办者权利义务，保障学校的办学自主权。

第六条　章程用语应当准确、简洁、规范，条文内容应当明确、具体，具有可操作性。

章程根据内容需要，可以分编、章、节、条、款、项、目。

第二章　章程内容

第七条　章程应当按照高等教育法的规定，载明以下内容：

（一）学校的登记名称、简称、英文译名等，学校办学地点、住所地；

（二）学校的机构性质、发展定位，培养目标、办学方向；

（三）经审批机关核定的办学层次、规模；

（四）学校的主要学科门类，以及设置和调整的原则、程序；

（五）学校实施的全日制与非全日制、学历教育与非学历教育、远程教育、中外合作办学等不同教育形式的性质、目的、要求；

（六）学校的领导体制、法定代表人，组织结构、决策机制、民主管理和监督机制，内设机构的组成、职责、管理体制；

（七）学校经费的来源渠道、财产属性、使用原则和管理制度，接受捐赠的规则与办法；

（八）学校的举办者，举办者对学校进行管理或考核的方式、标准等，学校负责人的产生与任命机制，举办者的投入与保障义务；

（九）章程修改的启动、审议程序，以及章程解释权的归属；

（十）学校的分立、合并及终止事由，校徽、校歌等学校标志物、学校与相关社会组织关系等学校认为必要的事项，以及本办法规定的需要在章程中规定的重大事项。

第八条　章程应当按照高等教育法的规定，健全学校办学自主权的行使与监督机制，明确以下事项的基本规则、决策程序与监督机制：

（一）开展教学活动、科学研究、技术开发和社会服务；

（二）设置和调整学科、专业；

（三）制订招生方案，调节系科招生比例，确定选拔学生的条件、标准、办法和程序；

（四）制定学校规划并组织实施；

（五）设置教学、科研及行政职能部门；

（六）确定内部收入分配原则；

（七）招聘、管理和使用人才；

（八）学校财产和经费的使用与管理；

（九）其他学校可以自主决定的重大事项。

第九条　章程应当依照法律及其他有关规定，健全中国共产党高等学校基层委员会领导下的校长负责制的具体实施规则、实施意见，规范学校党委集体领导的议事规则、决策程序，明确支持校长独立负责地行使职权的制度规范。

章程应当明确校长作为学校法定代表人和主要行政负责人，全面负责教学、科学研究和其他管理工作的职权范围；规范校长办公会议或者校务会议的组成、职责、议事规则等内容。

第十条　章程应当根据学校实际与发展需要，科学设计学校的内部治理结构和组织框架，明确学校与内设机构，以及各管理层级、系统之间的职责权限，管理的程序与规则。

章程根据学校实际，可以按照有利于推进教授治学、民主管理，有利于调动基层组织积极性的原则，设置并规范学院（学部、系）、其他内设机构以及教学、科研基层组织的领导体制、管理制度。

第十一条　章程应当明确规定学校学术委员会、学位评定委员会以及其他学术组织的组成原则、负责人产生机制、运行规则与监督机制，保障学术组织在学校的学科建设、专业设置、学术评价、学术发展、教学科研计划方案制定、教师队伍建设等方面充分发挥咨询、审议、决策作用，维护学术活动的独立性。

章程应当明确学校学术评价和学位授予的基本规则和办法；明确尊重和保障教师、学生在教学、研究和学习方面依法享有的学术自由、探索自由，营造宽松的学术环境。

第十二条　章程应当明确规定教职工代表大会、学生代表大会的地位作用、职责权限、组成与负责人产生规则，以及议事程序等，维护师生员工通过教职工代表大会、学生代表大会参与学校相关事项的民主决策、实施监督的权利。

对学校根据发展需要自主设置的各类组织机构，如校务委员会、教授委员会、校友会等，章程中应明确其地位、宗旨以及基本的组织与议事规则。

第十三条　章程应当明确学校开展社会服务、获得社会支持、接受社会监督的原则与办法，健全社会支持和监督学校发展的长效机制。

学校根据发展需要和办学特色，自主设置有政府、行业、企事业单位以及其他社会组织代表参加的学校理事会或者董事会的，应当在章程中明确理事会或者董事会的地位作用、组成和议事规则。

第十四条　章程应当围绕提高质量的核心任务，明确学校保障和提高教育教学质量的原则与制度，规定学校对学科、专业、课程以及教学、科研的水平与质量进行评价、考核的基本规则，建立科学、规范的质量保障体系和评价机制。

第十五条　章程应当体现以人为本的办学理念，健全教师、学生权益的救济机制，突出对教师、学生权益、地位的确认与保护，明确其权利义务；明确学校受理教师、学生申诉的机构与程序。

第三章　章程制定程序

第十六条　高等学校应当按照民主、公开的原则，成立专门起草组织开展章程起草工作。

章程起草组织应当由学校党政领导、学术组织负责人、教师代表、学生代表、相关专家，以及学校举办者或者主管部门的代表组成，可以邀请社会相关方面的代表、社会知名人士、退休教职工代表、校友代表等参加。

第十七条　高等学校起草章程，应当深入研究、分析学校的特色与需求，总结实践经验，广泛听取政府有关部门、学校内部组织、师生员工的意见，充分反映学校举办者、管理者、办学者，以及教职员工、学生的要求与意愿，使章程起草成为学校凝聚共识、促进管理、增进和谐的过程。

第十八条　章程起草过程中，应当在校内公开听取意见；涉及关系学校发展定位、办学方向、培养目标、管理体制，以及与教职工、学生切身利益相关的重大问题，应当采取多种方式，征求意见、充分论证。

第十九条　起草章程，涉及与举办者权利关系的内容，高等学校应当与举办者、主管教育行政部门及其他相关部门充分沟通、协商。

第二十条　章程草案应提交教职工代表大会讨论。学校章程起草组织负责人，应当就章程起草情况与主要问题，向教职工代表大会做出说明。

第二十一条　章程草案征求意见结束后，起草组织应当将章程草案及其起草说明，以及征求意见的情况、主要问题的不同意见等，提交校长办公会议审议。

第二十二条　章程草案经校长办公会议讨论通过后，由学校党委会讨论审定。

章程草案经讨论审定后，应当形成章程核准稿和说明，由学校法定代表人签发，报核准机关。

第四章　章程核准与监督

第二十三条　地方政府举办的高等学校的章程由省级教育行政部门核准，其中本科以上高等学校的章程核准后，应当报教育部备案；教育部直属高等学校的章程由教育部核准；其他中央部门所属高校的章程，经主管部门同意，报教育部核准。

第二十四条　章程报送核准应当提交以下材料：

（一）核准申请书；

（二）章程核准稿；

（三）对章程制定程序和主要内容的说明。

第二十五条　核准机关应当指定专门机构依照本办法的要求，对章程核准稿的合法性、适当性、规范性以及制定程序，进行初步审查。审查通过的，提交核准机关组织的章程核准委员会评议。

章程核准委员会由核准机关、有关主管部门推荐代表，高校、社会代表以及相关领域的专家组成。

第二十六条　核准机关应当自收到核准申请2个月内完成初步审查。涉及对核准稿条款、文字进行修改的，核准机关应当及时与学校进行沟通，提出修改意见。

有下列情形之一的，核准机关可以提出时限，要求学校修改后，重新申请核准：

（一）违反法律、法规的；

（二）超越高等学校职权的；

（三）章程核准委员会未予通过或者提出重大修改意见的；

（四）违反本办法相关规定的；

（五）核准期间发现学校内部存在重大分歧的；

（六）有其他不宜核准情形的。

第二十七条　经核准机关核准的章程文本为正式文本。高等学校应当以学校名义发布章程的正式文本，并向本校和社会公开。

第二十八条　高等学校应当保持章程的稳定。

高等学校发生分立、合并、终止，或者名称、类别层次、办学宗旨、发展目标、举办与管理体制变化等重大事项的，可以依据章程规定的程序，对章程进行修订。

第二十九条　高等学校章程的修订案，应当依法报原核准机关核准。

章程修订案经核准后，高等学校应当重新发布章程。

第三十条　高等学校应当指定专门机构监督章程的执行情况，依据章程审查学校内部规章制度、规范性文件，受理对违反章程的管理行为、办学活动的举报和投诉。

第三十一条　高等学校的主管教育行政部门对章程中自主确定的不违反法律和国家政策强制性规定的办学形式、管理办法等，应当予以认可；对高等学校履行章程情况应当进行指导、监督；对高等学校不执行章程的情况或者违反章程规定自行实施的管理行为，应当责令限期改正。

第五章　附　则

第三十二条　新设立的高等学校，由学校举办者或者其委托的筹设机构，依法制定章程，并报审批机关批准；其中新设立的国家举办的高等学校，其章程应当具备本办法规定的内容；民办高等学校和中外合作举办的高等学校，依据相关法律法规制定章程，章程内容可参照本办法的规定。

第三十三条　本办法自 2012 年 1 月 1 日起施行。

后　记

法治是治国的基本方略，大学章程是依法治校的基石。2011 年，《高等学校章程制定暂行办法》发布后，高校章程建设步入快车道。截至 2015 年 6 月，全国 112 所“211 工程”高校（含 38 所“985 工程”高校，军事院校除外）全部完成章程核准发布工作，许多地方高校的章程也陆续核准发布。章程建设开始进入贯彻学习的新阶段，广大师生迫切需要一本通俗易懂、易学易记的大众读物，以便加深对章程的学习理解，并推动贯彻实施。为此，华中师范大学政策法规研究室与江西师范大学发展规划办公室合作并组织力量编写《走向法治——大学章程读本》一书，力求对中国特色现代大学制度下的章程进行全方位解读，也希望给广大读者带来启发与思考。

策划之时我们便深知，要对章程进行全方位的梳理和解读，并将其囊括于一本书中，浓缩于十几万字之间，其任务异常繁重和艰难。因此，为保证图书的权威性、系统性、代表性，我们确定了“质量第一、进度第二，精雕细琢、反复推敲，让书稿‘有分量、有质量、有力量’”的策略，从制定出版计划到形成书稿框架，从文本内容的编写到取舍，再到校对、排版等每个环节都严格把关，不断征询各方意见。

本书特色鲜明，以一问一答的形式，鲜活灵动的语言，丰富翔实的资料，图文并茂的风格，准确深入的描述，对大学章程进行了立体式解读，详细阐释了大学章程的前世今生、结构组成、作用意义等方方面面，突出了大学章程作为依法治校基石和校内“宪法”的至高地位，为大学管理者、高校师生、高等教育研究者以及关心教育的各界人士，提供了鲜活且通俗易懂的读本材料。我们希望，本书的出版能对大学章程的研究和贯彻落实起到良好的促进作用。若然如此，我们的目的也就达到了。

本书是“大学治理探索”系列丛书的一本，从策划到最终出版先后历时一年多，得到了两校校领导和相关职能部门的大力支持和指导，在此对他们无私的帮助表示诚挚的谢意。本书的编写实行分工负责制，各章的具体分工是：第一章：陶光胜；第二章：李哲；第三章：黎志辉；第四章：张文舜；第五章：冷飞翔、冯燕、孟紫依、李敏。全书由付义朝、余敏、陶光胜提出总体框架，并最后修改定稿。教育部法制办公室副主任王大泉在百忙之中为本书作序，并提出了很多宝贵的意见，有力提升了本书的编写水平；华中师范大学学校办公室的曾艳和党委宣传部的曹世生为本书的撰写提供了很多重要参考资料；华中师范大学出版社的陈兰枝、冯伟、肖敏、袁晓秋、彭慧、陈大亮、谢先成、张蕾等老师也为此书的出版付出了大量心血，在此一并表示感谢。

本书在编写中，参考和引用了一些相关著作、论文及图片，由于核查方式有限，未能一一注明出处，在此谨向这些作者表示感谢，并致以歉意。由于我们的能力和水平有限，时间紧迫，书稿中难免存在疏漏和不妥之处，恳请大家批评指正。

编　者

2015 年 11 月